LINDER BIOLOGIE

Sachsen

6 Arbeitsheft

Schroedel
westermann

Linder Biologie 6
Sachsen
Arbeitsheft

Bearbeitet von
Antje Starke, Leipzig
Marianne Starke, Leipzig

In Teilen ist dieses Werk eine Bearbeitung von
978-3-507-76626-6 978-3-507-77011-9
978-3-507-76641-9 978-3-507-77042-3
978-3-507-77006-5 978-3-507-86518-1

Druck A[12] / Jahr 2025
Alle Drucke der Serie A sind im Unterricht parallel verwendbar.

Die Seiten dieses Produkts bestehen zu 100 % aus Altpapier.

Damit tragen wir dazu bei, dass Wald geschützt wird, Ressourcen geschont werden und der Einsatz von Chemikalien reduziert wird. Die Produktion eines Klassensatzes unserer Arbeitshefte aus reinem Altpapier spart durchschnittlich 12 Kilogramm Holz und 178 Liter Wasser, sie vermeidet 7 Kilogramm Abfall und reduziert den Ausstoß von Kohlendioxid im Vergleich zu einem Klassensatz aus Frischfaserpapier. Unser Recyclingpapier ist nach den Richtlinien des Blauen Engels zertifiziert.

Redaktion: Marcel Tiffert
Illustrationen: 2 & 3d design Renate Diener, Wolfgang Gluszak, Brigitte Karnath, Heike Keis, Liselotte Lüddecke, Karin Mall, Tom Menzel
Bildquellen:
|argus Fotoagentur GbR, Hamburg: Markus Scholz Titel (Mohn). |OKAPIA KG - Michael Grzimek & Co., Frankfurt/M.: Meul/SAVE Titel (Marienkäfer).
Umschlaggestaltung: Janssen Kahlert Design & Kommunikation GmbH, Hannover
Satz: Satzteam Bleifrei, Hildesheim
Druck und Bindung: Westermann Druck GmbH, Georg-Westermann-Allee 66, 38104 Braunschweig

ISBN 978-3-507-**86914**-1

Inhalt

Arbeitsblatt Kreuzblütengewächse

1 Benenne die Teile einer Rapsblüte. Ordne die Ziffern dem Blütendiagramm zu. Male die Abbildungen passend aus.

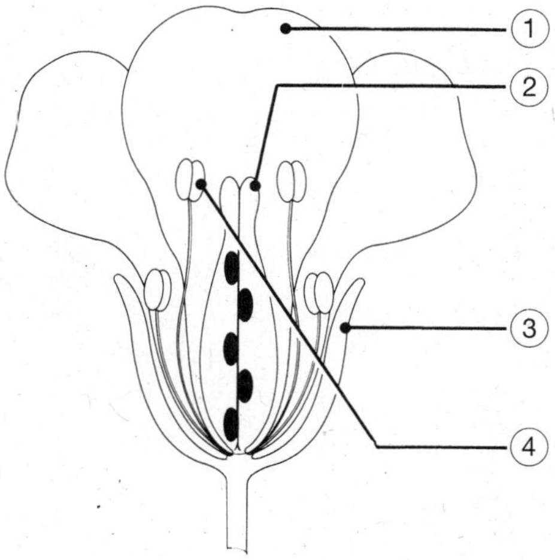

① ______________________

② ______________________

③ ______________________

④ ______________________

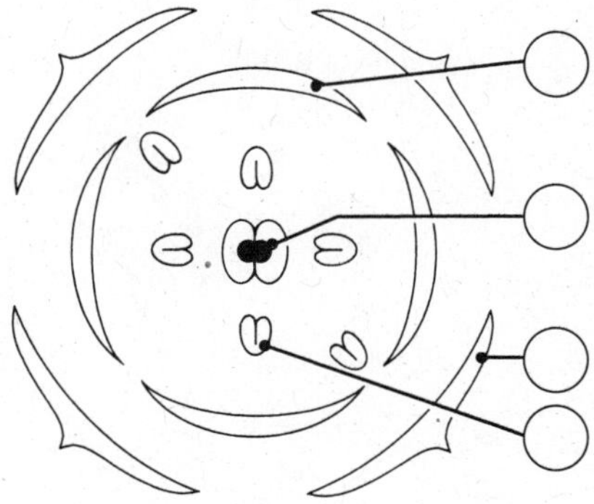

2 Fasse die allgemeinen Merkmale dieser Pflanzenfamilie zusammen.

____

____

____

____

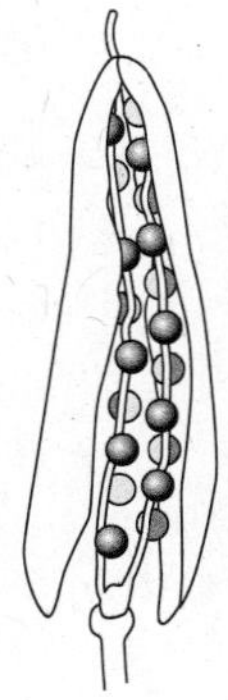

3 Ergänze die Tabelle.

Wildpflanze	______________________	**Gemüsepflanze**
	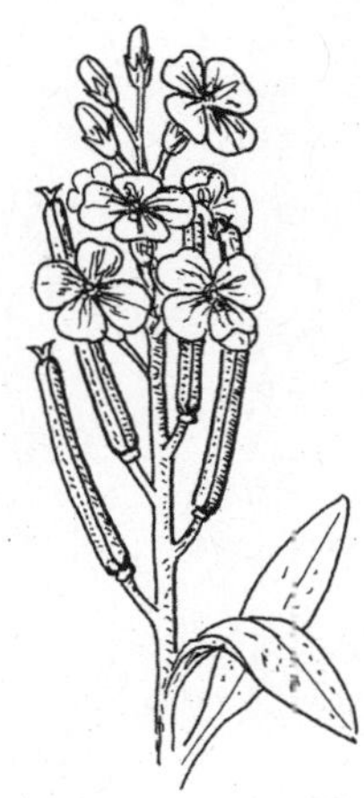	
• Hederich • •	• Goldlack • •	• Rettich • •

Linder Biologie 6

Arbeitsblatt — Nutzpflanzen unter den Kreuzblütengewächsen

M1 Steckbrief Raps

Familie:	Kreuzblütengewächse
Gattung:	Kohl
Größe:	bis 1,60 m hoch
Laubblätter:	blaugrün, obere Blätter ungeteilt
Blüten:	in Blütentrauben, gelb
Früchte:	Schoten mit zahlreichen, kugeligen Samen
Inhaltsstoffe:	etwa 40 bis 50 Prozent Rüböl in Samen
Verwendung:	früher als Brennmaterial für Öllampen, heute als Zusatz von Schmierölen, zur Herstellung von Seifen und Lederfetten; zur Kraftstoffgewinnung in Form von Bio-Diesel; in der Lebensmittelindustrie werden neue Zuchtsorten zur Margarineherstellung verwendet
Anbau:	in Europa und Asien

M2 Die Gattung Kohl ist vielseitig

Pflanzen einer Familie unterscheiden sich in ihren Merkmalen voneinander. Der Biologe ordnet sie deshalb nach bestimmten Formengruppen, den Gattungen. Eine besonders artenreiche Gattung der Kreuzblütengewächse ist die Gattung Kohl. Hier werden über 40 miteinander verwandte Arten zusammengefasst.

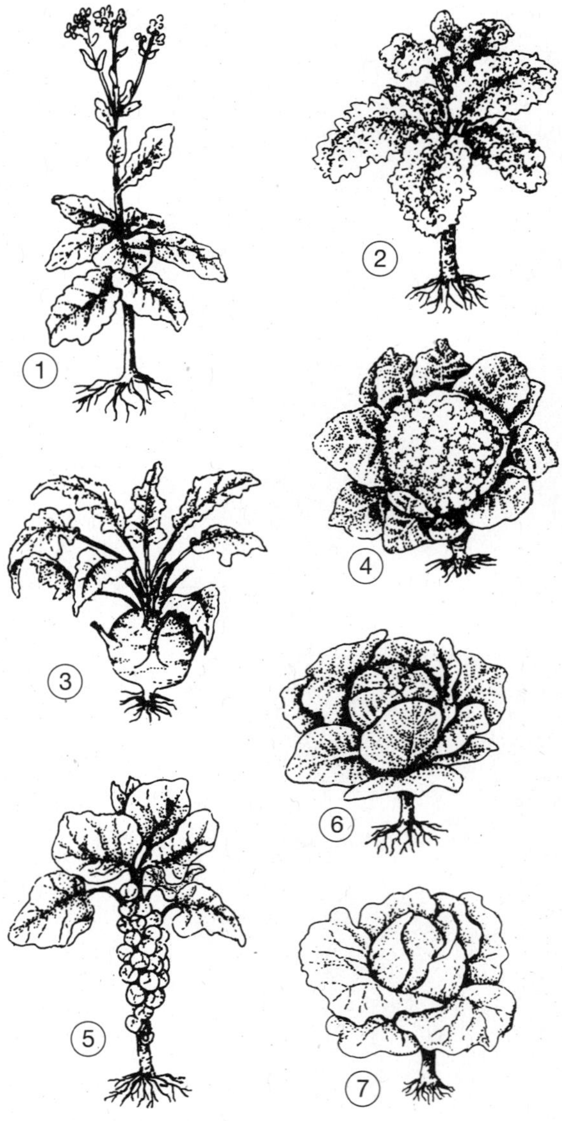

1 Belege die Aussage: „Das Erschließungsfeld „Vielfalt“ trifft auch für die Gattung Kohl zu.“ Nutze die Materialien auf dieser Seite.

2 Benenne die einzelnen Kohlsorten in M2.

3 Informiere dich im Lehrbuch, im Gemüseladen, im Kochbuch oder im Internet über die Gattung Kohl. Nenne dann drei weitere Arten, die auch zu dieser Gattung gehören und ihre Verwendung durch den Menschen.

Arbeitsblatt — Merkmale der Lippenblütengewächse

1 Ergänze die Tabelle.

Merkmale	**Beschriftung bzw. Beschreibung**
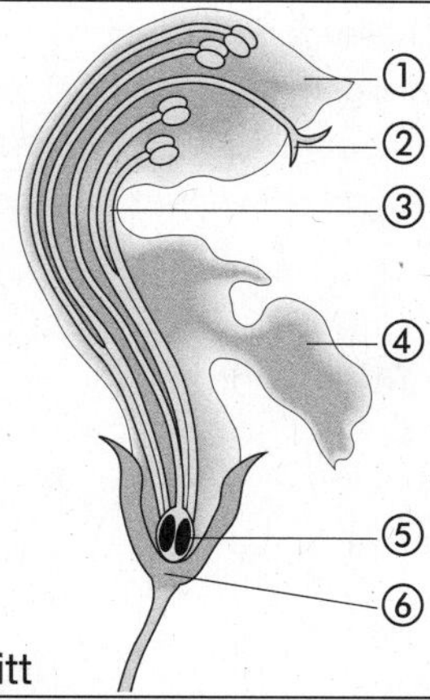 Blütenlängsschnitt	① ______ ② ______ ③ ______ ④ ______ ⑤ ______ ⑥ ______
 Blütendiagramm	• Blüten sind ______ symmetrisch • fünf ______ (verwachsen) • ______ Kronblätter • oft ______ Staubblätter (selten zwei) • vierfächeriger ______
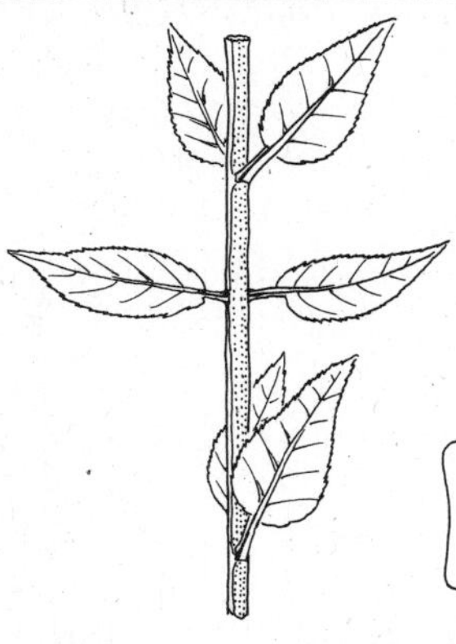 Blattstellung 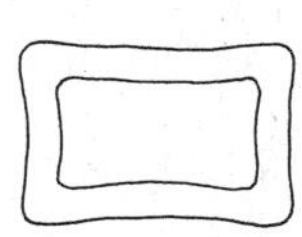 Stängelquerschnitt	______ ______ ______ ______ ______ ______
 Beispiele	• ______ • ______ • ______ • ______ • ______

Methode Eine Ausstellung planen und gestalten

M1 Biologische Objekte ausstellen

Eine Ausstellung kennt man eher aus dem Kunst-Unterricht. Viele biologische Objekte lassen sich jedoch ebenso gut in dieser Form präsentieren. Mit einer Ausstellung könnt ihr zeigen, an welchem Thema gearbeitet wurde und welche Materialien von euch erstellt wurden. Ihr könnt zum Beispiel Naturmaterialien wie Obst und Gemüse, gesammelte Pflanzen, Fossilien, Bilder, Fotos, Modelle, Texte, Schaubilder oder Zeichnungen zu einem bestimmten Thema ausstellen. Diese Methode lohnt sich nur, wenn die Ausstellung für die „Besucher" ebenfalls interessant ist. Überlegt euch deshalb nicht nur eine ansprechende Präsentation, sondern auch eine Form des intensiven Betrachtens oder Mitmachens, zum Beispiel durch ein Quiz oder einen kleinen Fragebogen.

M2 Tipps zum Gestalten einer Ausstellung

- Überlegt euch ein Thema für eure Ausstellung.
- Legt fest, für wen und wo ihr die Ausstellung gestaltet. Wie lange soll sie dauern?
- Sammelt Material in gutem Zustand oder bringt geeignete Stücke mit. Denkt daran, dass zum Beispiel frische Pflanzen immer wieder erneuert werden müssen.
- Überlegt euch eine inhaltliche Ausstellungsstruktur.
- Besorgt zusätzliches Material wie bestimmte Gefäße, ...
- Beschriftet alle Ausstellungsstücke oder erstellt Infokärtchen. Unterschiedliche Hintergrundfarben können dabei Gruppenzugehörigkeit symbolisieren. Laminiert eure Karten möglichst, damit sie länger einsetzbar sind.
- Erstellt Plakate oder Schautafeln mit Zusatzinformationen. Beachtet: Weniger ist oft mehr!
- Erarbeitet ein Quiz oder einen einfachen Test passend zur Ausstellung. Vielleicht zieht ihr am Ende sogar einen Gewinner oder eine Gewinnerin?

M3 Beispielsteckbrief

Lavendel	
Familie:	Lippenblütengewächse
Größe:	30 bis 60 cm
Heimat:	Mittelmeergebiet
Blüten:	violett in Scheinähren an langen Stängeln, stark duftend, Blütezeit von Juli bis September
Blätter:	schmal, bis 5 cm lang, silbergrau bis graugrün
Wirkstoffe:	ätherische Öle, Harze, Gerb- und Bitterstoffe
Geschmack:	schmeckt etwas herb und leicht bitter, besitzt einen frisch-würzigen Geruch
Heilwirkung:	appetitanregend, verdauungsfördernd, nervenstärkend, beruhigend, wundheilend, krampflösend

M4 Beispiel einer Ausstellung

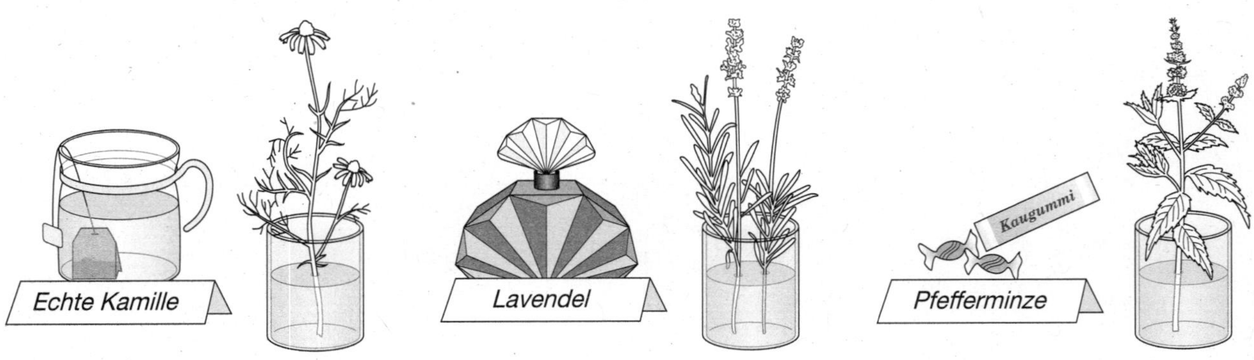

1 Finde für jede in M4 abgebildete Heilpflanze weitere Gegenstände oder Dinge, die man ausstellen könnte.

2 Informiere dich über zwei weitere Heil- oder Gewürzpflanzen aus der Familie der Lippenblütengewächse. Erstelle dazu Steckbriefe wie in M3 gezeigt.

3 Gestalte in Gruppenarbeit eine Ausstellung zum Thema „Heil- und Gewürzpflanzen".

Aufgaben und Versuche — Heil- und Gewürzpflanzen

1 Bestimme mit diesem Bestimmungsschlüssel die Gattungs- bzw. Artnamen der ausgegebenen Heil- und Gewürzpflanzen. Sie gehören alle zur Familie der Lippenblütengewächse. Verwende für die Betrachtung der Blütenmerkmale eine Lupe. Notiere den Bestimmungsweg,
zum Beispiel: 1* → 3 → 4 → **Pfefferminze.**

1 Blüten mit 2 Staubblättern **2**
1* Blüten mit 4 Staubblättern **3**

2 Strauch mit nadelförmigen Blättern und blauen Blüten .... **Rosmarin**
2* Kraut mit graugrünen lanzettlichen Blättern, blauvioletten, selten weißen Blüten .... **Salbei**

3 Pflanze nach Pfefferminz riechend **4**
3* Pflanze anders riechend **5**

4 alle Blätter gestielt, Blüten in dichten Blütenständen .... **Pfefferminze**
4* Blätter sitzend, nur die unteren gestielt, Blüten in lockeren Blütenständen .... **Grüne Minze**

5 Blütenfarbe weiß bis hellgelb **6**
5* Blütenfarbe rosa, rotviolett oder blau **7**

6 Kelch zweilippig, Blütenkrone meist weiß, Pflanze würzig duftend .... **Basilikum**
6* Kelch glockig, Krone weiß bis gelb, Pflanze nach Zitrone duftend .... **Zitronenmelisse**

7 Blütenkrone rosa **8**
7* Blütenkrone blau oder violett **10**

8 Kelch einlippig, Blüten verdeckt .... **Majoran**
8* Kelch zweilippig, Blüten deutlich zu sehen **9**

9 Blätter am Rand eingerollt, Unterseite weiß und samtig .... **Echter Thymian**
9* Blätter glatt oder schwach gerollt, Unterseite kahl .... **Arznei-Thymian**

10 Staubblätter ragen aus der Blüte heraus, Blüten im Blütenstand sind seitlich (einseitswendig) angeordnet .... **Ysop**
10* Staubblätter in der Blüte versteckt, Blütenstand endständig .... **Lavendel**

2 Recherchiere für Salbei, Pfefferminze, Zitronenmelisse, Thymian und Lavendel je zwei Verwendungen.

Arbeitsblatt Schmetterlingsblütengewächse

1 Teste dein Wissen zu den Schmetterlingsblütengewächsen und kreuze die richtigen Antworten an.

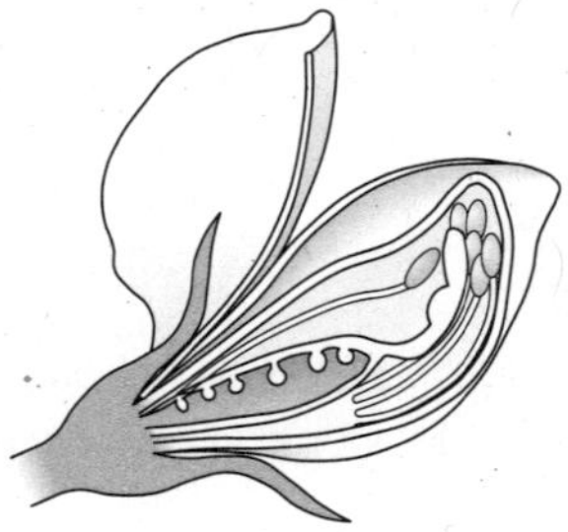

Schmetterlingsblüten sind

○ strahlig.
○ zweiseitig-symmetrisch.
○ zwittrig.

Die Kronblätter

○ sind zum Teil verwachsen.
○ heißen Fahne, Flügel und Schiffchen.
○ heißen Ober- und Unterlippe.

Die Frucht der Schmetterlingsblütengewächse nennt man

○ Schote.
○ Kapsel.
○ Hülse.

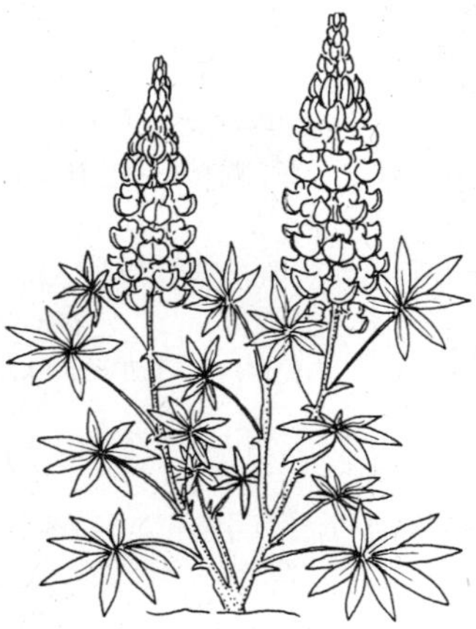

Zu den Schmetterlingsblütengewächsen zählen wichtige Nutzpflanzen wie

○ Lupine.
○ Mohrrübe.
○ Rotklee.

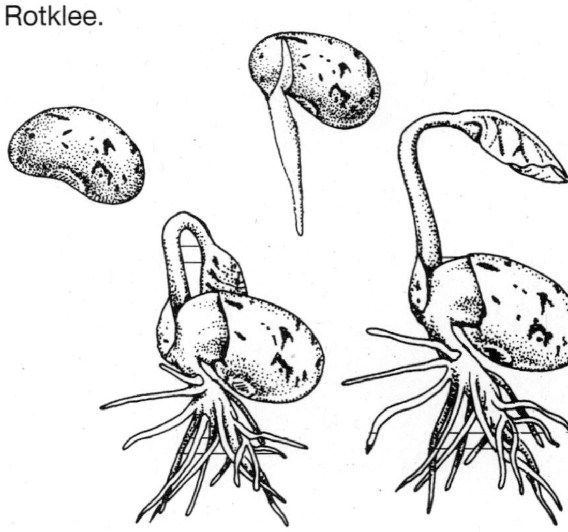

Für den Samen einer Feuerbohne gilt, dass

○ seine Samenschale die Keimblätter und den Embryo schützt.
○ die Keimblätter aus der Erde heraus gedrückt werden.
○ der Samen vor der Keimung Wasser zum Quellen aufnimmt.
○ die Keimblätter das Nährgewebe für die Entwicklung des Embryos enthalten.

Aufgaben und Versuche | Bestimmen ausgewählter Schmetterlingsblütengewächse

Mit diesem Bestimmungsschlüssel kannst du ausgewählte Pflanzen der Schmetterlingsblütengewächse bestimmen. Lass dir vom Lehrer drei Pflanzen geben, die so bestimmbar sind. Notiere den Bestimmungsweg, zum Beispiel: **1 → 2* → Robinie.**

1 Sprossachse holzig 2
1* Sprossachse krautig 6

2 Strauch 3
2* Baum mit weißen Blüten . . . . **Robinie**

3 Blüten in hängenden Trauben 4
3* Blüten einzeln oder zu zweit an den Zweigen 5

4 Blüten goldgelb, aufrechte Wuchsform . . . . **Goldregen**
4* Blüten blau bis zart violett, kletternde Wuchsform . . . . **Blauregen**

5 Blätter nadelförmig, stark stechend . . . . **Stechginster**
5* Blätter schmal lanzettlich, nicht stechend . . . . **Ginster**

6 Blätter gefingert 7
6* Blätter gefiedert 14

7 drei Blättchen stehen zusammen 9
7* fünf oder mehr Blättchen stehen zusammen, Blatt ist gestielt 8

8 Blüten blau, selten weiß oder rosa, Zierpflanze . . . . **Stauden-Lupine**
8* Blüten gelb, Futter- und Gründüngerpflanze . . . . **Gelbe Lupine**

9 Blätter deutlich größer als 10 cm, breit 10
9* Blätter deutlich kleiner als 10 cm 11

10 Krone leuchtend rot . . . . **Feuerbohne**
10* Krone weiß . . . . **Gartenbohne**

11 Kronblätter untereinander verwachsen, fallen verwelkt nicht ab 12
11* Kronblätter nicht verwachsen, fallen verwelkt ab 13

12 Blütenfarbe rot . . . . **Rot-Klee**
12* Blütenfarbe weiß . . . . **Weiß-Klee**

13 Blütenfarbe weiß . . . . **Weißer Steinklee**
13* Blütenfarbe lebhaft gelb, Fahne und Flügel länger als Schiffchen . . . . **Gelber Steinklee**

14 Fiederblatt paarig gefiedert, am Ende mit Ranke 15
14* Fiederblatt unpaarig gefiedert, meist fünf Blättchen, gelbe Blüten . . . . **Hornklee**

15 Krone rot bis violett, Staubfadenröhre schief abgeschnitten (Lupe!) . . . . **Zaun-Wicke**
15* Krone weiß bis rosa gefärbt, Staubfadenröhre gerade (Lupe!) . . . . **Garten-Erbse**

Streifzug Erdnuss und Sojabohne

M1 Erdnusspflanze

M2 Erdnüsse sind alte Nutzpflanzen

Erdnuss-Pflanzen werden schon seit über 4000 Jahren genutzt. In dieser Gattung findet man rund 30 Arten, die ursprünglich aus Südamerika stammen. Diese Pflanzen sind einjährig und werden bis zu 80 cm groß. Die dunkelgelben Blüten sind etwa einen Zentimeter lang und bestäuben sich innerhalb weniger Stunden selbst. Dann welken sie und es bildet sich ein Fruchtträger, der sich in Richtung Erde krümmt. Er wächst dann fünf bis sechs Zentimeter tief in den Boden. Dort entwickelt sich innerhalb der nächsten vier Monate eine fertige Frucht, die Erdnuss. Sie ist von einer holzigen, runzligen Fruchtwand umgeben, in der meist zwei Samen liegen.

M3 Sojabohnen sind vielfältig

Sojabohnen zählen zu den wichtigsten Nutzpflanzen und haben eine Jahresproduktion von über 140 Millionen Tonnen. Sie stammen ursprünglich aus Asien und wurden schon vor über 5000 Jahren im alten China genutzt. Die buschigen, einjährigen Pflanzen werden bis einen Meter groß. Die Stängel stehen aufrecht, die langgestielten Blätter sind zottig behaart und setzen sich aus drei verhältnismäßig großen, gestielten Blättchen zusammen. Die Blüten sind weiß bis violett und stehen aufrecht in den Blattachseln. Die Hülsen mit den meist fünf Soja-Samen lassen sich vielfältig nutzen. Die Samen enthalten viele wertvolle Stoffe wie Eiweiß, Kohlenhydrate, Öle und Mineralstoffe. Nach Entzug des Öls wird der Presskuchen weiter verarbeitet. So gewinnt man zum Beispiel Sojamehl für Suppen und Soßen. Aus den Samen lassen sich auch Sojakäse, Jogurt, Quark und Milch herstellen. Sojabohnenkeimlinge werden ebenfalls gern als frisches Gemüse gegessen, weil sie besonders viele Vitamine enthalten.

M4 Sojabohne

1 Vergleiche Erdnuss und Sojabohne tabellarisch miteinander. Finde drei Gemeinsamkeiten und drei Unterschiede.

2 Wende das Erschließungsfeld „Fortpflanzung“ auf die Erdnuss an.

3 Informiere dich über die Verwendung von Erdnuss und Sojabohne. Nenne für jede Nutzpflanze mindestens sechs Beispiele.

Arbeitsblatt | Systematisierung – Pflanzenfamilien sind vielfältig (1)

1 Bestimme für die Pflanzen A bis F die entsprechende Familie. Notiere im Hefter den Bestimmungsweg.

2 Zeichne für A und E ein Blütendiagramm im Hefter. Beschreibe beide Diagramme.

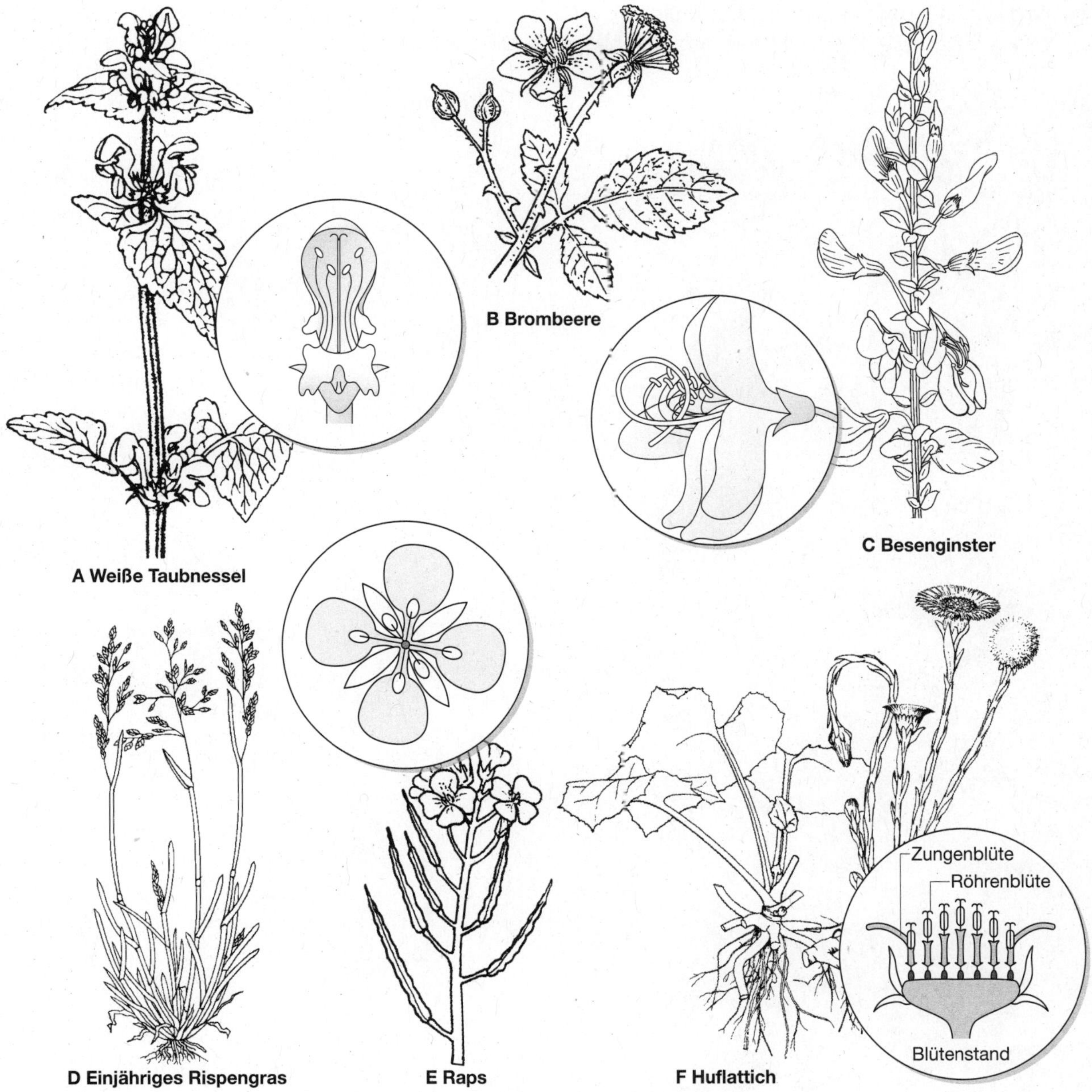

A Weiße Taubnessel, B Brombeere, C Besenginster, D Einjähriges Rispengras, E Raps, F Huflattich

1	Blüten in körbchenförmigem Blütenstand	**Korbblütengewächse**
1*	Blüten anders angeordnet	**2**
2	Blüten grünlich	**Süßgräser**
2*	Blütenblätter anders gefärbt	**3**
3	Blüten strahlig	**4**
3*	Blüten zweiseitig symmetrisch	**5**
4	jeweils vier Kelch- und Blütenblätter	**Kreuzblütengewächse**
4*	jeweils fünf Kelch- und Blütenblätter	**Rosengewächse**
5	zehn Staubblätter	**Schmetterlingsblütengewächse**
5*	vier Staubblätter in ungleichen Paaren	**Lippenblütengewächse**

Arbeitsblatt — Systematisierung – Pflanzenfamilien sind vielfältig (2)

1 Nenne die abgebildeten Kreuzblütengewächse.

2 Kreuzblütengewächse sind eine für den Menschen wichtige Pflanzenfamilie. Begründe diese Aussage in deinem Hefter.

3 Ordne die anderen abgebildeten Pflanzen den entsprechenden Familien zu. Lege dazu eine Übersicht im Hefter an. Begründe, warum das Erschließungsfeld „Vielfalt“ auch auf Samenpflanzen zutrifft.

Rettich

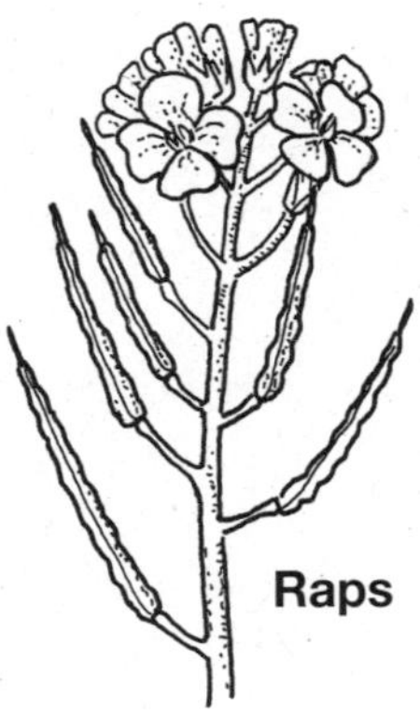

Raps

Meerkohl

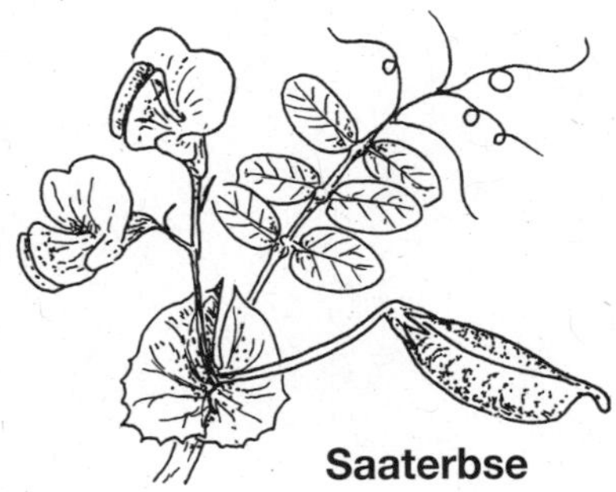

Saaterbse

Rotklee

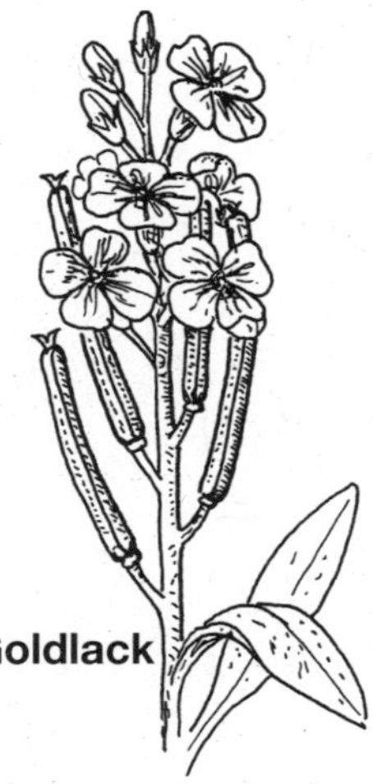

Goldlack

Wildkohl

Hederich

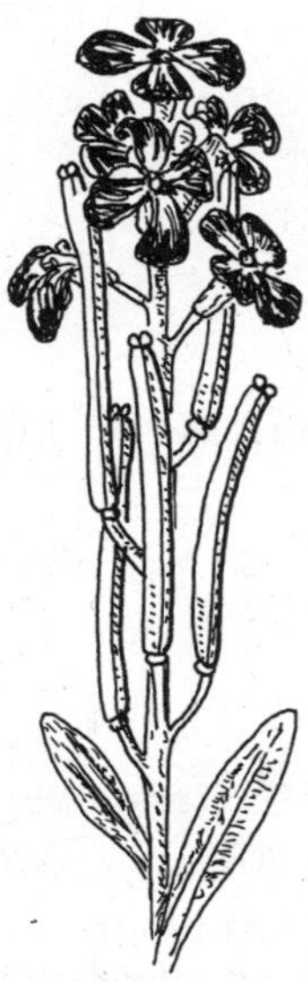

Garten-Levkoje

Gefleckte Taubnessel

Robinie

Weiße Taubnessel

Methode Herbarisieren

M1 Was ist Herbarisieren?

Beim Herbarisieren legt man ein Herbarium an. Herbarien nutzt man zur Dokumentation oder zur Ausstellung von Pflanzen. Pflanzen, die man für ein Herbarium sammelt, sind meist einem Thema zugeordnet.
So kann man zum Beispiel Heilpflanzen, Gewürzpflanzen, Zierpflanzen oder Pflanzen eines bestimmten Lebensraumes sammeln und pressen.

HERBARIUM = eine Sammlung flach gepresster, getrockneter und auf Papierbogen aufgeklebter Pflanzen oder Pflanzenteile

M2 Herbarblatt

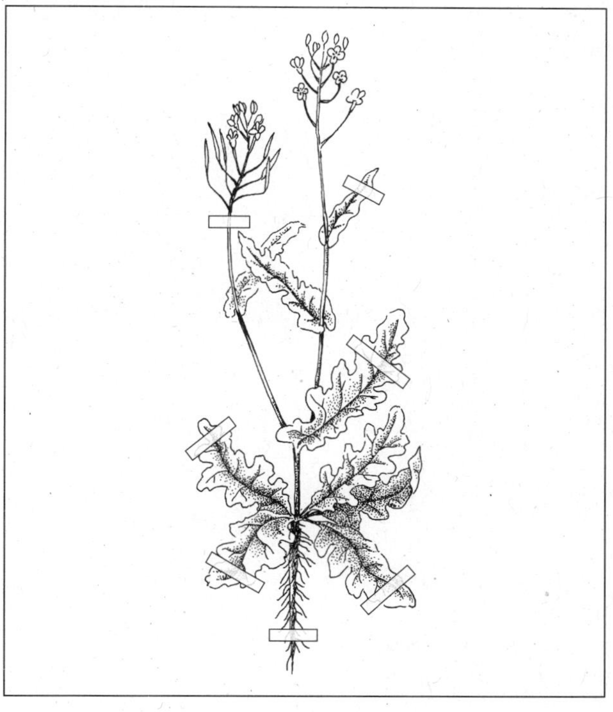

M3 Beschriftung von Herbarblättern

Deutscher Name:	*Pfefferminze*
Wissenschaftlicher Name:	*Mentha piperita L.*
Pflanzenfamilie:	*Lippenblütengewächse*
Funddatum:	*21. August 2011*
Fundort:	*Garten/Mölkau*
Finder:	*Simone Reinert*

M4 Arbeitsschritte beim Herbarisieren

- Bestimme zuerst die Pflanze. Geschützte Pflanzen darfst du nicht herbarisieren!
- Entnimm die Pflanze der Natur und lege sie in eine Kunststofftüte.
- Notiere den Fundort und das Funddatum auf einen kleinem Zettel.
- Lege die Pflanze zu Hause zwischen Zeitungspapier.
- Pflanze nicht knicken.
- Pflanzenteile nicht übereinander legen.
- Blüten zeigen zum Betrachter.
- Lege nun das Zeitungspapier zwischen Bücher oder Spanplatten und beschwere diese mit Ziegelsteinen oder weiteren Büchern.
- Erneuere das Zeitungspapier alle zwei Tage, um Verfärbungen der Pflanzen und Schimmelbildung zu vermeiden.
- Klebe die vollständig getrocknete Pflanze mit durchsichtigem Klebeband auf Zeichenkarton.
- Zu große Pflanzen werden in mehrere Abschnitte geteilt und nebeneinander aufgeklebt.
- Beschrifte das Herbarblatt wie in M3 gezeigt.
- Bewahre die fertigen Herbarblätter in einer Mappe auf.

M5 Hilfsmittel zum Herbarisieren

1 Leite aus M5 ab, welche Hilfsmittel man für das Herbarisieren braucht.
Gib für jeden Gegenstand den Zweck an.

2 Lege ein Herbarium mit sechs Pflanzen aus drei verschiedenen Pflanzenfamilien an.

Arbeitsblatt – Stockwerkbau des Waldes

1 Trage in die Kästchen die entsprechenden Fachbegriffe ein.

2 Ordne durch Pfeile die abgebildeten Lebewesen den Stockwerken zu.

Arbeitsblatt – Artenkenntnis Laubbäume

M1 Ausgewählte Laubbäume

Eberesche	Gemeine Esche	Schwarzerle	Feldulme
	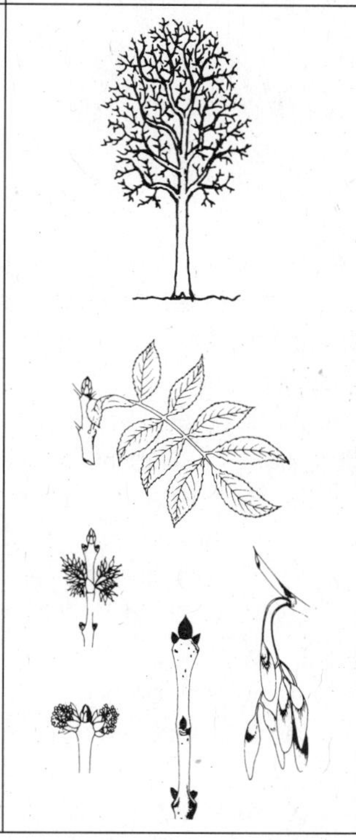	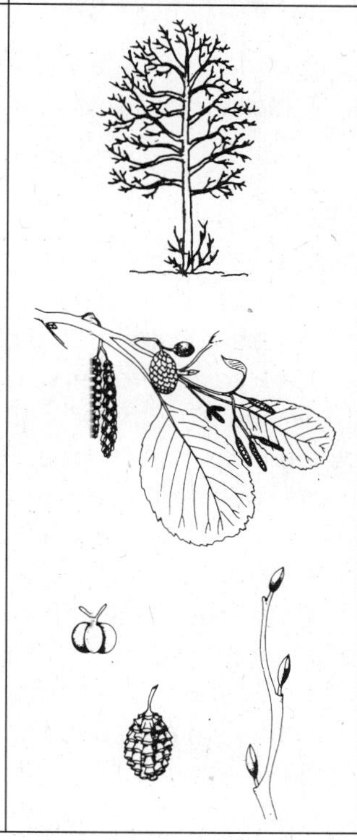	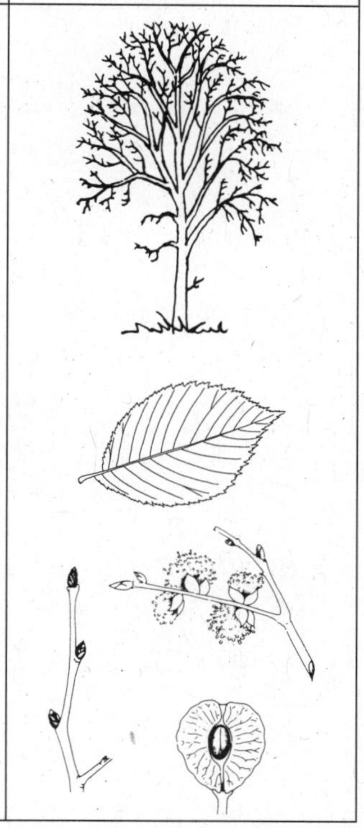

Sommerlinde	Hainbuche	Bergahorn	Gemeine Birke
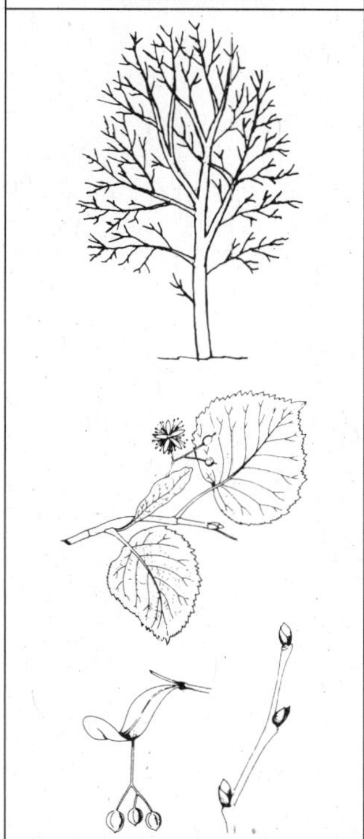	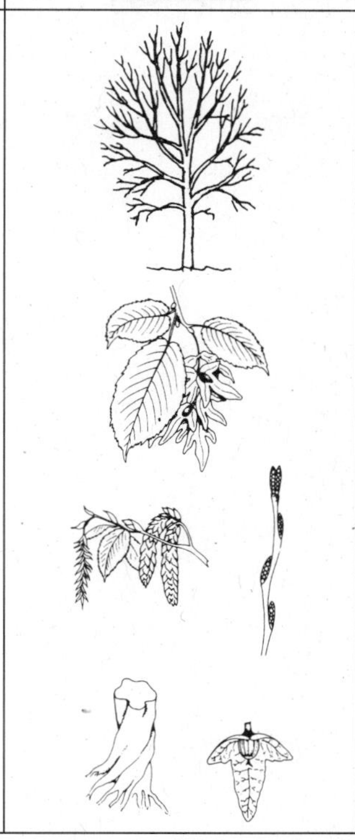	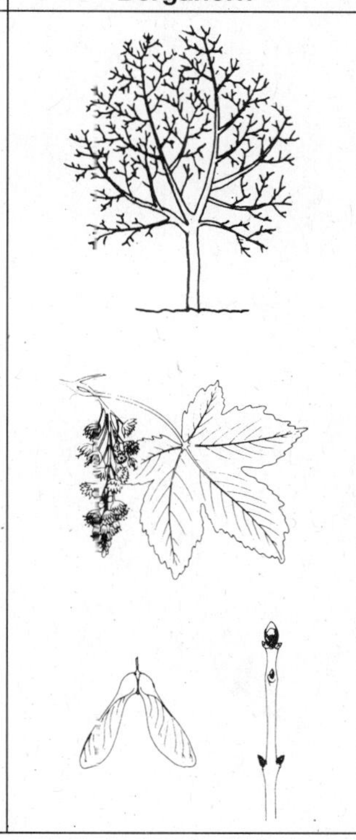	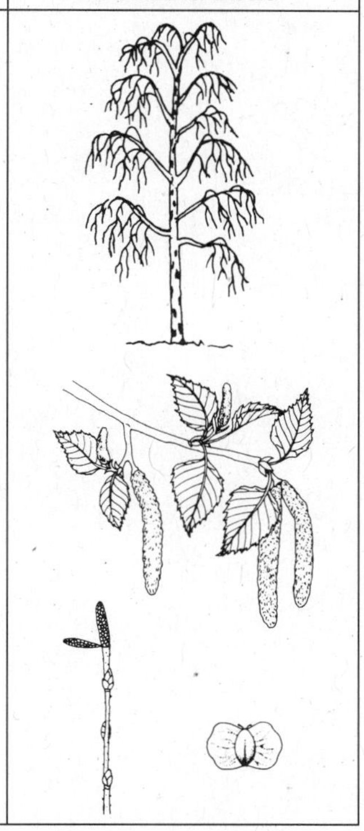

1 Erstelle Steckbriefe zu zwei in M1 abgebildeten heimischen Laubbäumen.

2 Entwirf einen dichotomen Bestimmungsschlüssel zu den Blättern der in M1 dargestellten Laubbäume.

Arbeitsblatt | Heimische Bäume und Sträucher

In dem folgenden Brief sind 13 Namen von Bäumen und Sträuchern versteckt.

1 Suche und unterstreiche diese. Schreibe anschließend die Namen unter die entsprechenden Abbildungen.

2 Sortiere die Arten in einer Tabelle nach Laubbäumen, Nadelbäumen und Laubsträuchern.

Lieber Thomas,

mein Urlaub mit Marie und Klärchen verläuft bisher super. Unser Hotel liegt ganz versteckt hinter bunt blühenden Hecken. Rosen und Lavendel säumen den Hof. Ich teile mir ein Zimmer mit Marie. Von unserem Fenster aus sieht man die Berge. Feuerrot leuchten sie jeden Abend, wenn die Sonne untergeht. Marie hat schon einen feschen Kerl erobert. Er kommt aus Ulm. Einfach unglaublich, da reist man bis nach Kanada und lernt jemanden aus Deutschland kennen. Vielleicht bleiben sie ja länger zusammen. Das wäre gut!
Anne haben wir auch noch in Montréal besucht. Ich habe natürlich mal wieder mein Adressbuch erfolgreich zu Hause vergessen.
So jetzt muss ich langsam Schluss machen, es wird schon hell in den Bergen.
Ich hoffe, dass mein Hase lieb zu dir ist. Streichel ihn und gib ihm einen Kuss von mir!

Alles Liebe deine Yanne

① ____________

② ____________

③ ____________

④ ____________

⑤ ____________

⑥ ____________

⑦ ____________

⑧ ____________

⑨ ____________

⑩ ____________

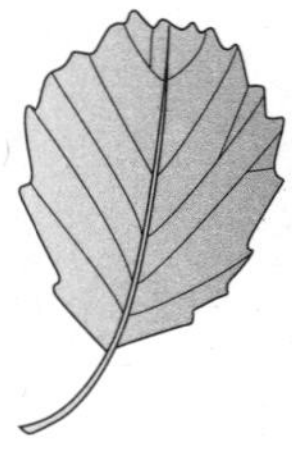

⑪ ____________

⑫ ____________

⑬ ____________

Arbeitsblatt | Eiche und Kiefer im Vergleich

M1 Merkmale der Stieleiche

M2 Merkmale der Waldkiefer

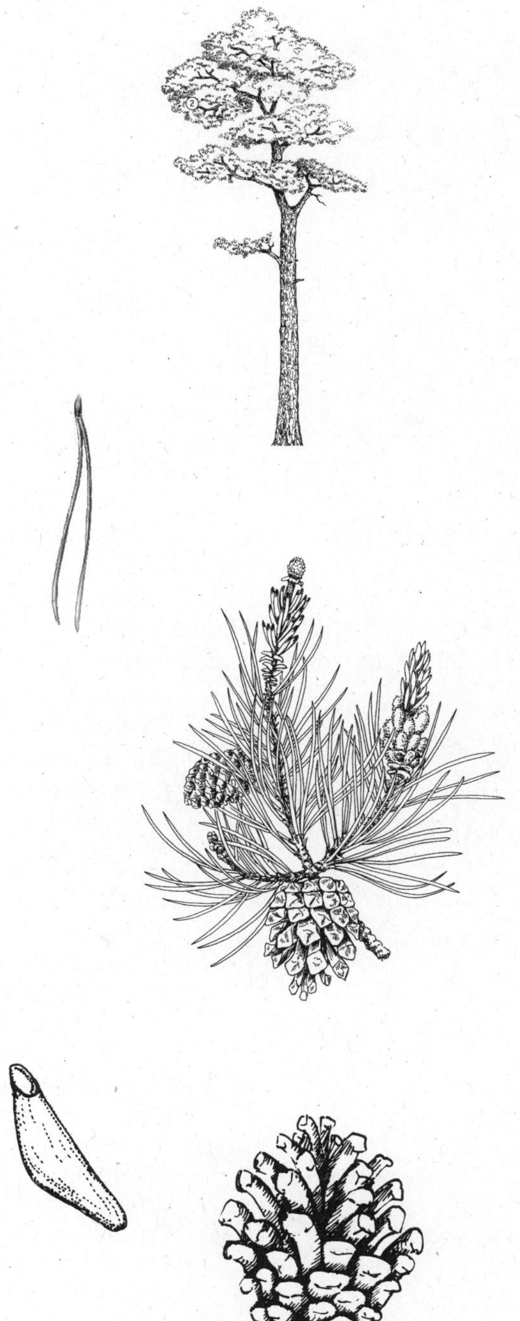

1 Begründe, warum die Kiefer ein Nadelbaum ist.

2 Recherchiere, zu welchen Pflanzenfamilien Stieleiche und Waldkiefer gehören. Nenne zwei weitere Arten aus diesen Familien.

3 Vergleiche Stieleiche und Waldkiefer tabellarisch miteinander. Finde mindestens drei Gemeinsamkeiten und drei Unterschiede.

Linder Biologie 6

Arbeitsblatt — Pilze leben im Waldboden

1 Benenne die Teile eines Röhren- und Blätterpilzes.

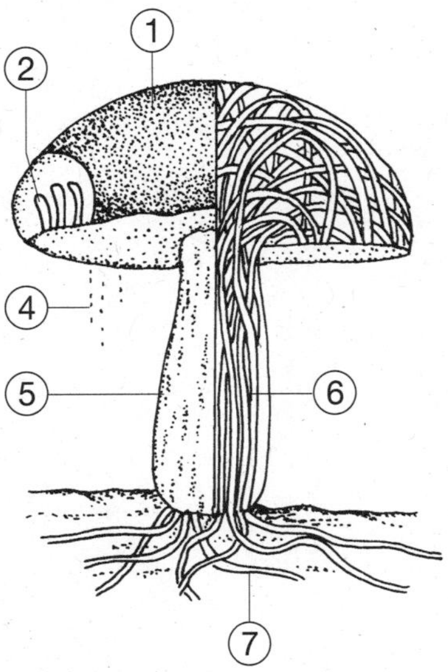

Röhrenpilz (z. B. Marone)

① ____________________

② ____________________

③ ____________________

④ ____________________

⑤ ____________________

⑥ ____________________

⑦ ____________________

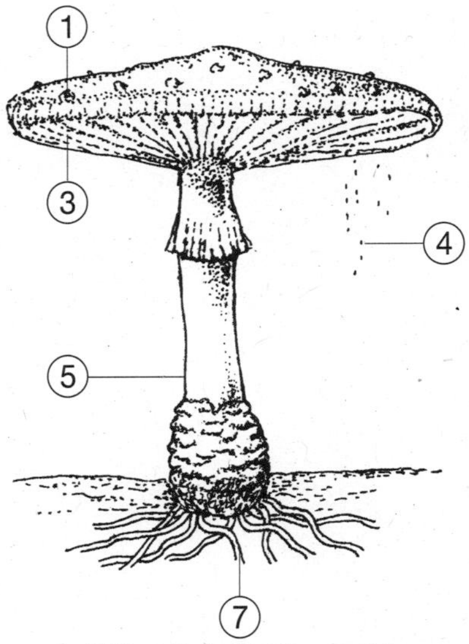

Blätterpilz (z. B. Fliegenpilz)

2 Lies dir die Beschreibungen sorgfältig durch. Gestalte dann die Pilze farbig und ordne sie mit einem Strich dem richtigen Steckbrief zu.

Steinpilz
Größe: 5 bis 14 cm
Typische Merkmale: halbkugeliger, heller Hut, wird später ausladend und dunkelbraun, keulenförmiger Stiel, Röhren erst rein weiß, später gelblich; essbar

Panterpilz
Größe: bis 17 cm hoch, Hut etwa 10 cm breit
Typische Merkmale: Hut erst halbkugelig, später schirmartig ausgebreitet; grau bis gelbbraun mit weißen Flocken; schlanker, weißer Stiel mit ungeriefter Manschette; entspringt einer Knolle; giftig

Pfifferling
Größe: 3 bis 9 cm hoch
Typische Merkmale: fleischiger dottergelber Fruchtkörper, Rand ist gewellt und gelappt; Leisten laufen zum Stiel; essbar

Grüner Knollenblätterpilz
Größe: bis 12 cm hoch, Hut etwa 10 cm breit
Typische Merkmale: Jungpilze sind von einer weißen, häutigen Hülle umgeben; Hut erst rund, später glockig bis schirmartig; die Farbe kann von olivgrün über gelblich bis weiß variieren; Lamellen weiß; Stiel schlank, knolliges unteres Ende; sehr giftig

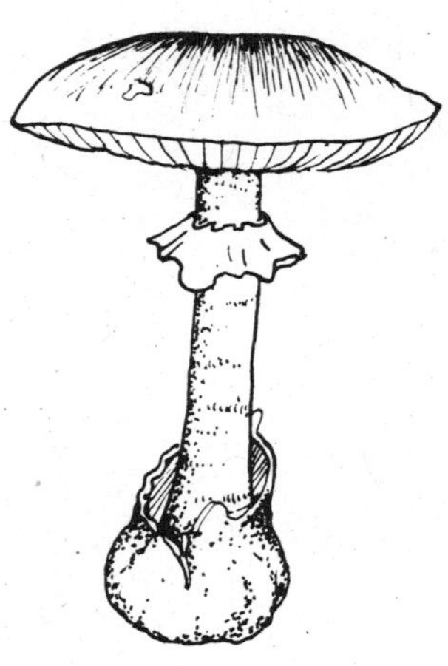

Linder Biologie 6

Arbeitsblatt Moose und Farne

M1 Moose
In unseren Wäldern findet man an den verschiedensten Stellen Moose. Das sind kleine, zart gebaute Pflänzchen ohne echte Wurzeln. Ihr Körper besteht aus einem Stämmchen mit Blättchen. Das hier abgebildete Frauenhaarmoos trägt einen Sporenständer. Unter der Haube ist die Sporenkapsel versteckt. In ihr befinden sich die Sporen. Sie dienen der Fortpflanzung. Moose bilden also keine Blüten aus, sie sind Sporenpflanzen.

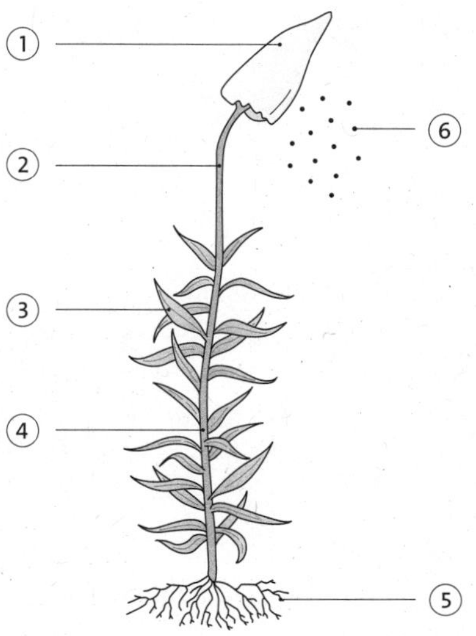

M2 Farne
An feuchten, schattigen Stellen wachsen in der Krautschicht des Waldes oft Farne wie der abgebildete Wurmfarn. Sie fallen durch ihre großen, meist gefiederten Blätter auf, die Farnwedel.
Im Herbst zeigen sich auf der Blattunterseite kleine braune Sporenhäufchen. In ihren Sporenkapseln liegen die Sporen. Bei trockenem Wetter reißt die Kapsel auf. Dann können die staubfeinen Sporen vom Wind verbreitet werden. Farne zählen wie die Moose zu den Sporenpflanzen.

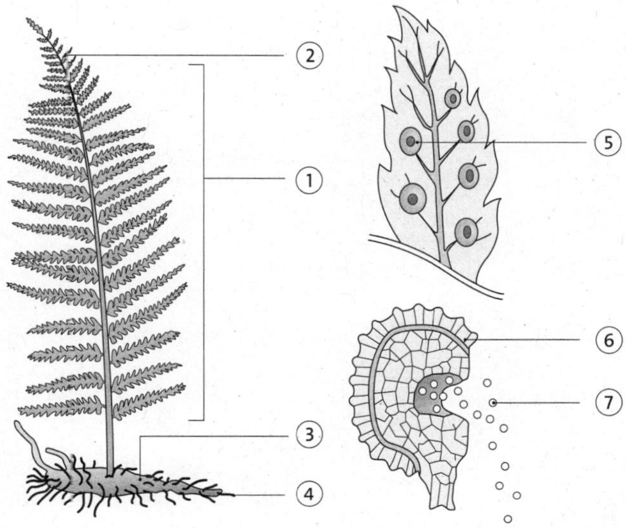

M3 Vielfalt bei Moosen und Farnen

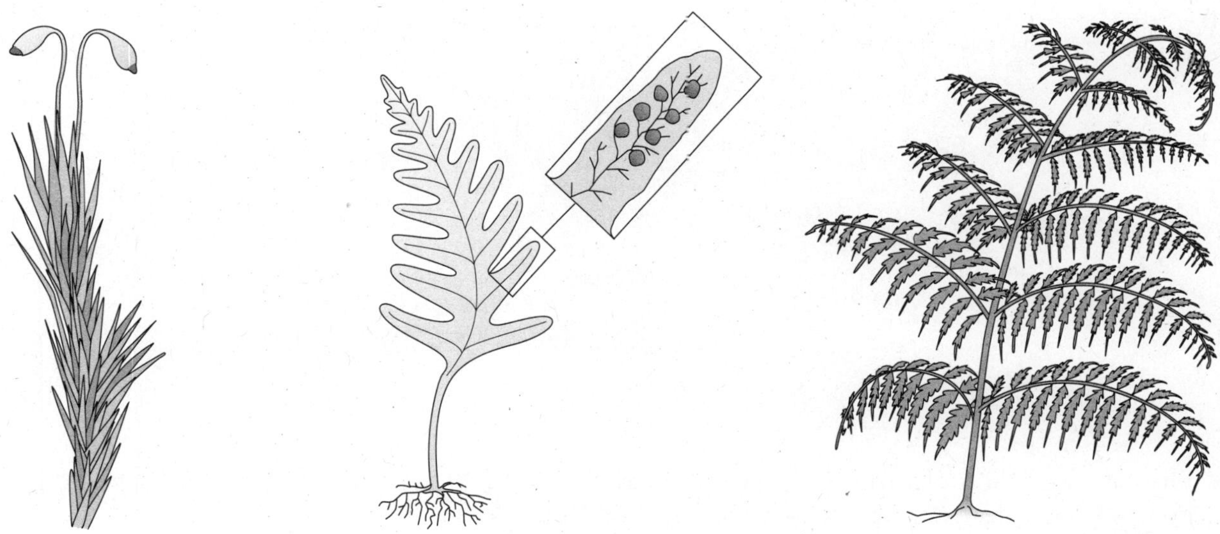

1 Benenne die in M1 und M2 gezeichneten Teile einer Moos- und einer Farnpflanze.

2 Vergleiche Frauenhaarmoos und Wurmfarn miteinander. Stelle dabei bauliche Gemeinsamkeiten und Unterschiede fest.

3 Erstelle zu den in M3 abgebildeten Sporenpflanzen Steckbriefe.

Arbeitsblatt Tiere im Wald

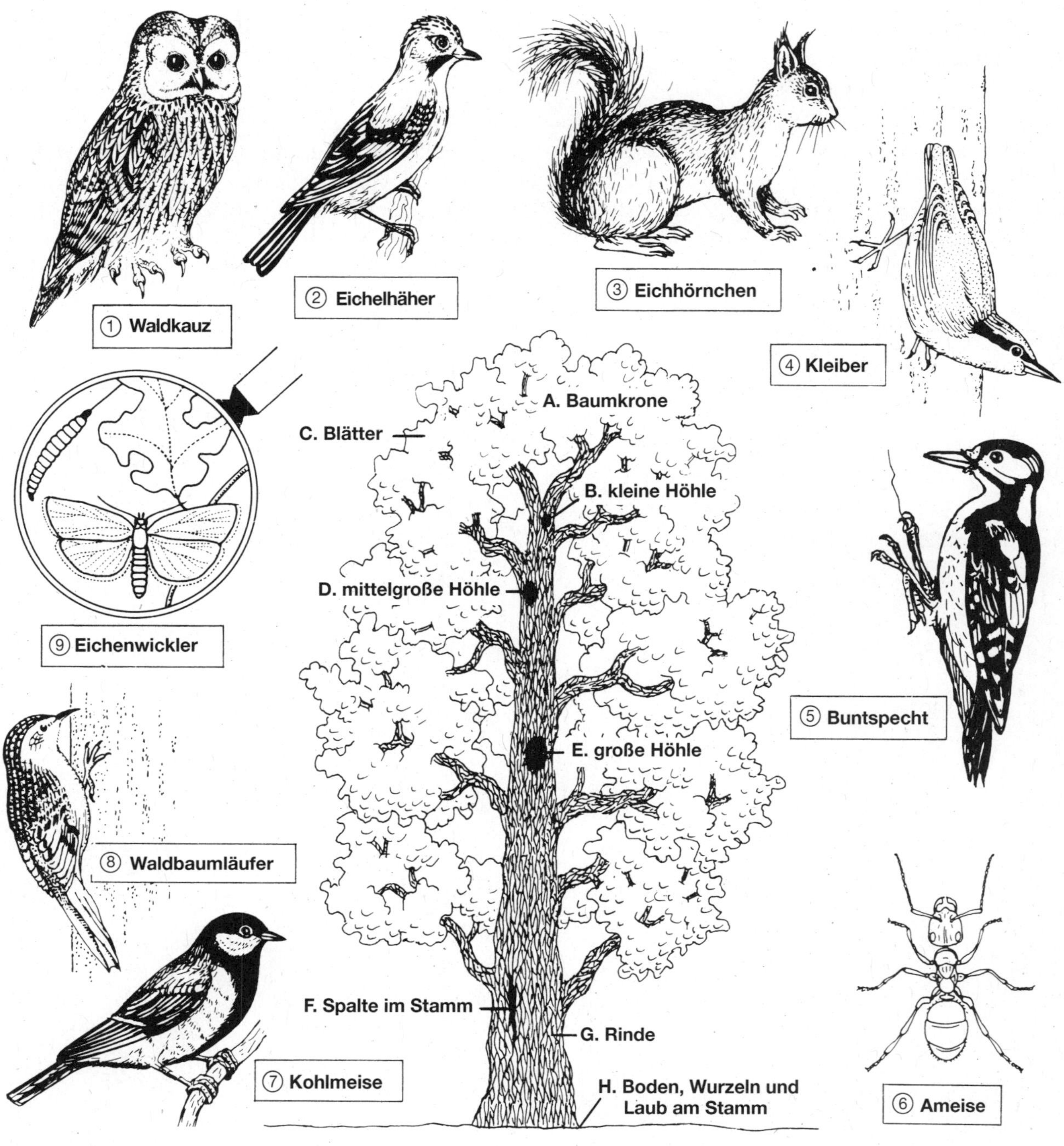

1 Welche der abgebildeten Tiere ernähren sich von der Eiche, welche finden in der Eiche Unterschlupf? Fertige in deinem Hefter eine Tabelle nach folgendem Muster an:

Tier	Nahrung von der Eiche	Unterschlupf in der Eiche

2 Wo können wir die abgebildeten Tiere im Lebensraum „Eiche“ finden? Ordne die Tiere den entsprechenden Buchstaben zu.

Linder Biologie 6

Arbeitsblatt — Beziehungen zwischen Lebewesen im Wald

M1 Bestäubung beim Aronstab

In heimischen Buchen- und Auenwäldern wächst der Aronstab. Er blüht zwischen April und Mai. Zuerst sieht man nur die grünen Hochblätter, die sich nach unten zu einem bauchigen Kessel erweitern. Jedes Hochblatt umschließt einen Blütenstand. An diesem befinden sich im unteren Teil die weiblichen Blüten. Darüber liegen die männlichen Blüten und am Ende kommen fadenartige, ungeschlechtliche Blüten. Der Blütenstand endet in einem braun-violetten Kolben. Sind die weiblichen Blüten reif, öffnet sich das Hochblatt und gibt den Kesseleingang frei. Im Kessel ist es warm und es riecht leicht nach Aas. Das lockt kleine Fliegen und Mücken an. Sie kriechen in den Kessel und krabbeln über die weiblichen Blüten. Wenn die Insekten bereits Pollen an den Beinen tragen, bestäuben sie diese. Allerdings können sie durch die fadenartigen Reusenhaare zunächst nicht wieder aus dem Kessel heraus. In der folgenden Nacht öffnen sich die männlichen Blüten. Die Insekten werden mit Pollen bestäubt. Kurz darauf vertrocknen die Reusenhaare und die Insekten können den Kessel verlassen. Sie fliegen weiter zur nächsten Aronstabpflanze.

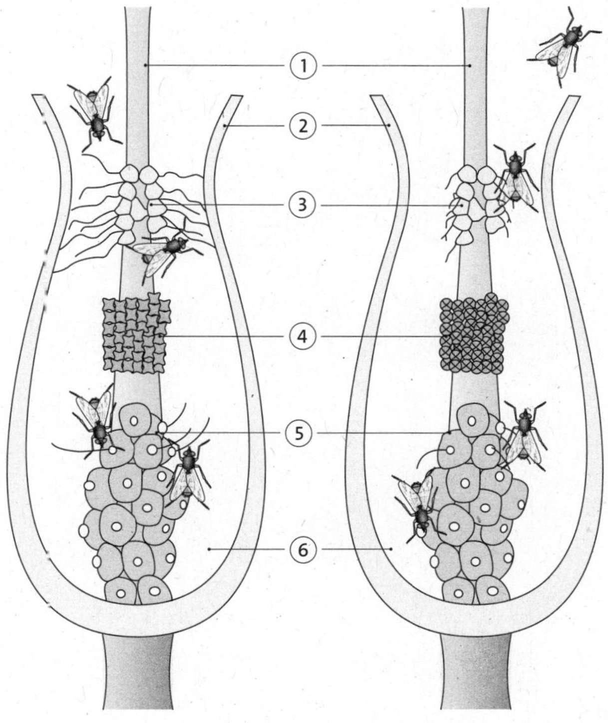

M2 Samen und Früchte werden auf vielfältige Weise verbreitet

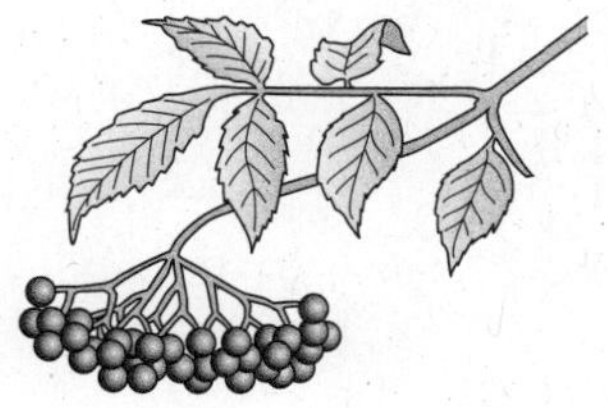

① ______________ ② ______________ ③ ______________

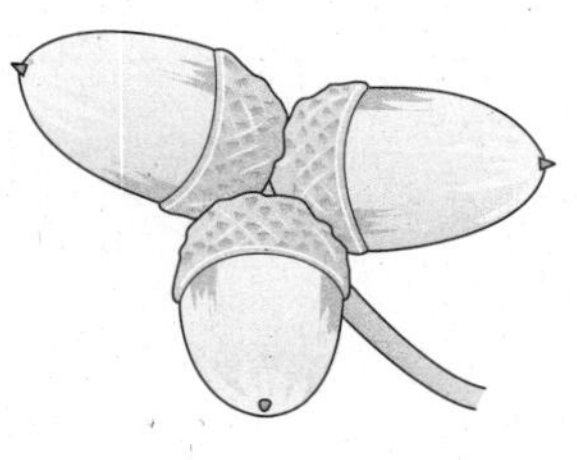

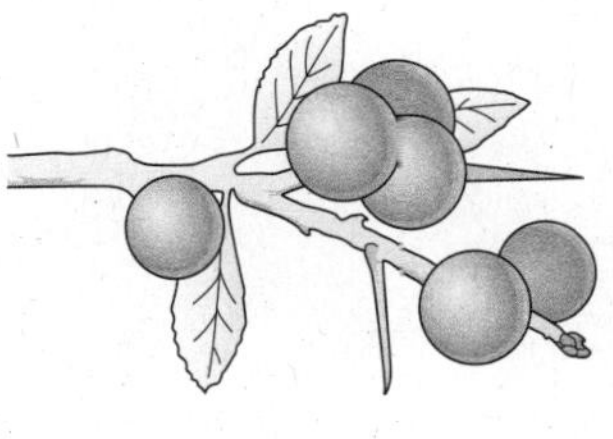

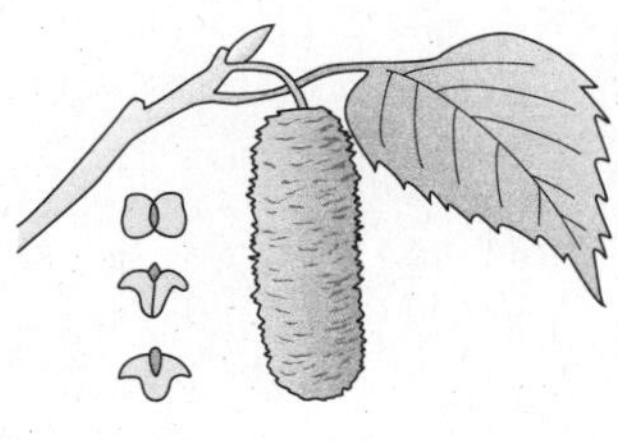

④ ______________ ⑤ ______________ ⑥ ______________

1 Die Beziehung zwischen Aronstab und Fliege wird als Bestäubungssymbiose bezeichnet. Benenne mit Hilfe von M1 die gekennzeichneten Teile des Blütenstandes. Recherchiere, was man unter den Begriffen Bestäubung und Symbiose versteht.

2 Benenne die unter M2 abgebildeten Pflanzen. Ergänze die Namen im Arbeitsblatt. Begründe, welche Pflanzen zur Verbreitung auf Tiere setzen und welche nicht.

Linder Biologie 6

Arbeitsblatt – Nahrungsbeziehungen im Wald (1)

A Eichenwickler; **B** Waldmaus; **C** Reh; **D** Buntspecht; **E** Kohlmeise; **F** Fuchs; **G** Habicht; **H** Baummarder; **J** Uhu; **K** Eichhörnchen; **L** Buchfink; **M** Eichelhäher; **N** Fichte; **O** Hasel; **P** Eiche

Linder Biologie 6

Arbeitsblatt — Nahrungsbeziehungen im Wald (2)

1 Schneide die abgebildeten Tiere und Pflanzen aus. Auf Seite 24 findest du die Namen der Lebewesen. Stelle für jede Pflanzenart eine mögliche Nahrungskette zusammen. Schreibe die drei Nahrungsketten in deinen Hefter.

2 Ordne die Lebewesen in deinem Hefter nach Fleischfressern, Allesfressern, Pflanzenfressern und Pflanzen.

3 Ordne die ausgeschnittenen Tiere und Pflanzen den Bereichen des Waldes auf Seite 24 zu, in dem sie vorwiegend leben (zum Beispiel Reh im Unterholz ⑥). Klebe sie dann an der entsprechenden Stelle auf. Stelle anschließend durch Pfeile (→ = wird gefressen von) Nahrungsbeziehungen zwischen den Lebewesen her, sodass ein Nahrungsnetz entsteht. Jedes abgebildete Lebewesen steht als Symbol für alle Entwicklungsstadien (zum Beispiel Blatt, Frucht, Stamm usw.).

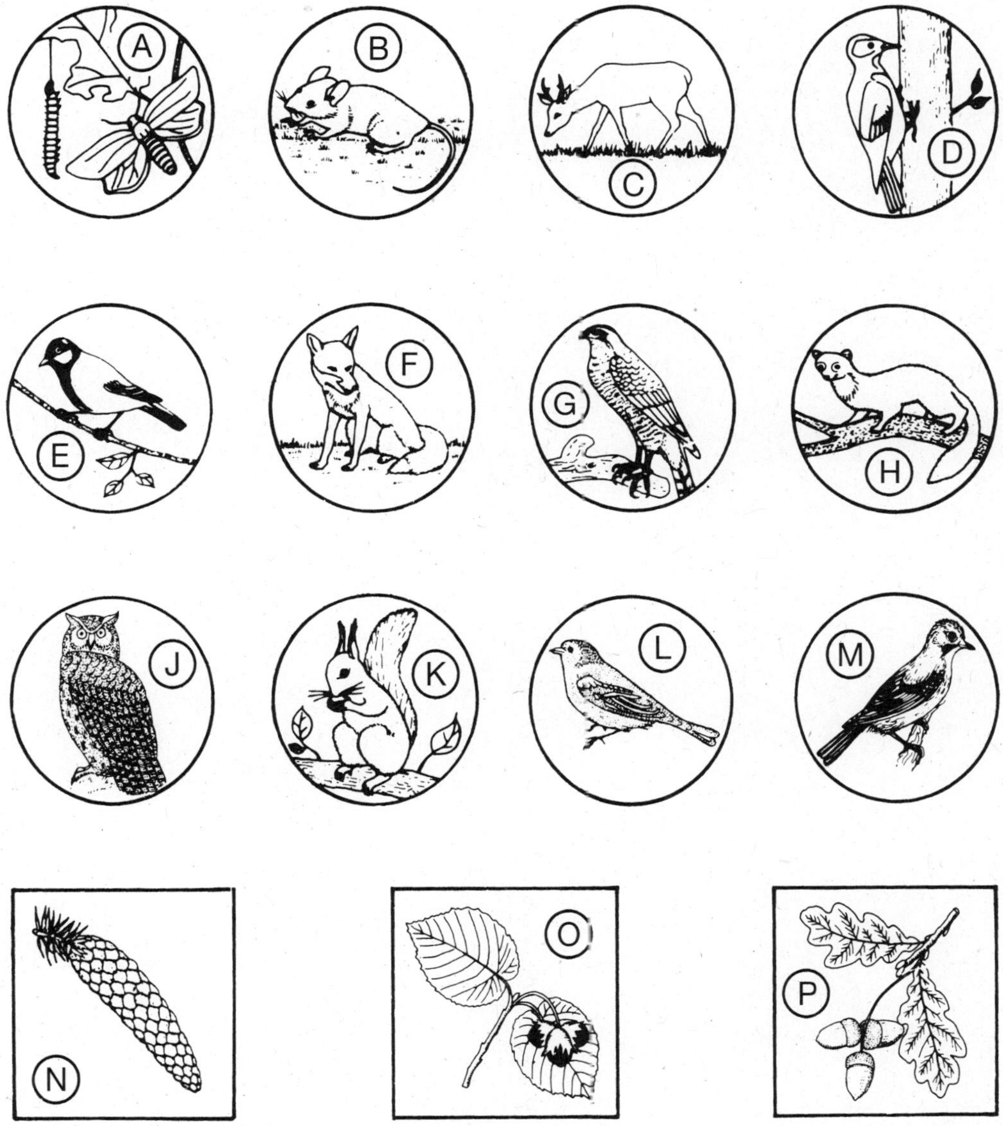

Linder Biologie 6

Streifzug Raubbau am Wald

Obwohl der Maler des Bildes in Abbildung 2 nur eine Landschaft darstellen wollte, hat er uns unbewusst ein großes Problem seiner Zeit, des 17. Jahrhunderts, vermittelt. Wir sehen einen Wald mit alten Bäumen, in dem viele Tiere weiden und das ganze Unterholz abgefressen haben. Schon in vergangenen Jahrhunderten war der Wald also keine unberührte Natur mehr. Mit dem Beginn der großen Waldrodungen im Mittelalter begann in Mitteleuropa eine Phase der intensiven Waldnutzung durch den Menschen.

Man benötigte Bau- und Brennholz für neue Siedlungen und rodete den Wald, um Flächen für die Landwirtschaft zu gewinnen. Um Erze zu verhütten und Glas herzustellen, wurde Holz zu Holzkohle verarbeitet. Auch zum Salzsieden und zum Brennen von Ziegeln und Keramik brauchte man Holz.

Viele Tiere wie Schweine, Rinder, Schafe und Ziegen wurden zum Weiden in den Wald getrieben. Die Menschen betrieben Waldweidewirtschaft. Die Tiere fraßen viele junge Pflanzen und die für sie erreichbaren Blätter der Bäume ab. Dadurch konnte kein junges Holz nachwachsen. Daneben verwendete man Blätter und Nadeln als Einstreu für die Tierställe. So verschwand immer mehr Wald und es entstanden große Heidelandschaften.

Erst zu Beginn des 19. Jahrhunderts wurde diese Ausbeutung des Waldes durch Gesetze beendet und mit der Aufforstung von Wäldern begonnen. So konnte sich der Wald in Mitteleuropa langsam wieder erholen. Im Durchschnitt sind heute dreißig Prozent der Landesfläche Deutschlands mit Wäldern bedeckt. Sachsen liegt mit 523 000 ha Wald (28 %) unter dem Bundesdurchschnitt. Nur ein Viertel aller sächsischen Bäume sind älter als 80 Jahre.

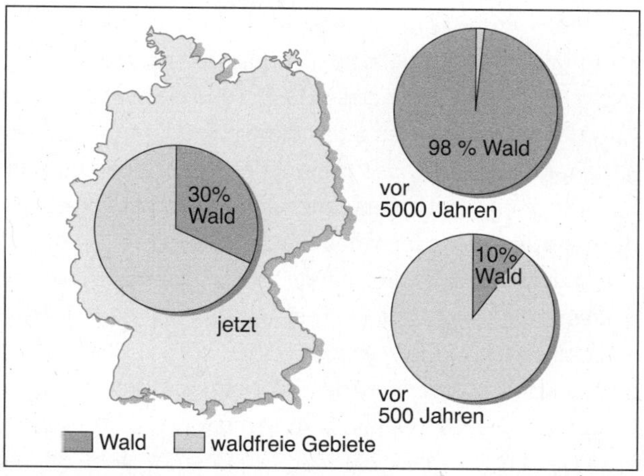

1 Bewaldung des Gebietes der Bundesrepublik

2 Ansicht eines Waldes im 17. Jahrhundert

1 Wälder wurden im Mittelalter anders genutzt als heute. Belege diese Aussage anhand von Beispielen.

2 Nicht nur heimische Wälder sind gefährdet. Nenne Bedrohungen für den Tropischen Regenwald.

Methode Informationen suchen und auswerten

M1 Informationsquelle Internet

Keine Informationsquelle hat in den letzten Jahren so an Bedeutung gewonnen wie das Internet. Häufig ist der Blick ins „Netz" das erste, was bei der Recherche eines neuen Themas oder der Erarbeitung eines Referats in Angriff genommen wird. Für viele bleibt es auch die einzige Informationsquelle. Im Internet ist man einer ungeheuren Fülle an Informationen ausgesetzt. Diese Informationen kommen von ganz unterschiedlichen Anbietern. Deshalb besteht die Gefahr, Wesentliches nicht zu erkennen oder falsche Informationen zu erhalten. Das Internet kann daher eine, darf aber nicht die ausschließliche Informationsquelle sein.
Um im Internet eine Information zu suchen, bieten sich so genannte Suchmaschinen an. Diese durchsuchen innerhalb kürzester Zeit sehr viele Internet-Seiten nach dem gewünschten Begriff. Eine der am meisten genutzten Internet-Suchmaschinen ist zur Zeit Google.
Eine andere Möglichkeit der Informationssuche besteht in der Nutzung von Online-Bibliotheken wie zum Beispiel Wikipedia. Dieses Lexikon wird ständig erweitert, da man Informationen hinzufügen oder korrigieren kann. In Meyers Lexikon, das ebenfalls kostenlos im Internet steht, sucht man nach Begriffen wie in einem gedruckten Lexikon.

M2 Tipps für eine Internet-Recherche

- Wähle für die erste Suche am besten eine Suchmaschine wie www.google.de, www.lycos.de oder eine Suchmaschine für Kinder wie www.blinde-kuh.de.
- Gib den zu suchenden Begriff so genau wie möglich ein (z. B. Zwerchfellatmung).
- Ergeben sich bei der ersten Suche zu viele Internet-Seiten, schränkst du die Suche ein, indem du Begriffe verknüpfst (z. B. Zwerchfellatmung+des+Menschen).
- Nutze nur Quellen im Internet, die sich klar zu erkennen geben und seriös sind (z. B. Bundesministerium für Ernährung, Landwirtschaft und Verbraucherschutz, Robert-Koch-Institut).
- Schlage die Begriffe auch in Internet-Lexika wie www.wikipedia.de nach.
- Nutze möglichst mehrere Quellen, verwende zur Sicherheit ebenfalls Fachliteratur oder frage deinen Lehrer oder deine Lehrerin.

M3 Schadstufenverteilung nach Baumarten/Baumartengruppen in Sachsen 2010 (Angaben in %)

Baumart / Baumartengruppe	Schadstufe				
	0 ohne Schadmerkmale	1 schwach geschädigt	2 mittelstark geschädigt	3 und 4 stark geschädigt/ abgestorben	2–4 deutlich geschädigt
Fichte	48	38	13	1	14
bis 60 Jahre	81	15	3	1	4
über 60 Jahre	26	53	19	2	21
Kiefer	43	50	7	0	7
bis 60 Jahre	54	41	5	0	5
über 60 Jahre	30	59	11	0	11
sonstige Nadelbäume	49	37	9	5	14
Nadelbäume	46	43	10	1	11
Buche	27	48	24	1	25
Eiche	11	53	33	3	36
sonstige Laubbäume	42	40	16	2	18
Laubbäume	33	44	21	2	23
alle Baumarten	43	43	13	1	14
bis 60 Jahre	63	30	6	1	7
über 60 Jahre	26	54	19	1	20

1 Suche im Internet erst mittels zweier Suchmaschinen nach dem Begriff „Waldzustandsbericht". Vergleiche deine Ergebnisse und ziehe eine Schlussfolgerung.

2 Die Tabelle in M3 stammt von der Internetseite des Staatsministeriums für Umwelt und Landwirtschaft des Freistaates Sachsen. Werte die Daten aus.

Arbeitsblatt Mikroskop und Mikroskopiergeräte

1 Benenne die gekennzeichneten Teile des Schülermikroskops.

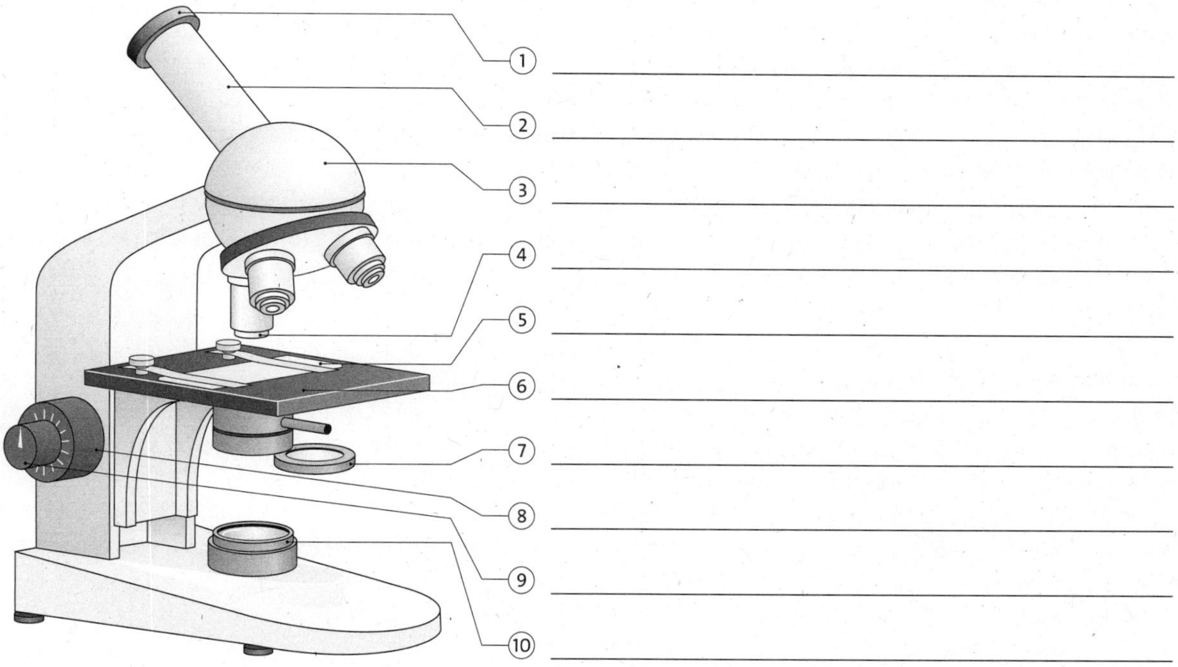

2 Ergänze die folgende Tabelle.

Okular	Objektiv	Gesamtvergrößerung
10 x	4 x	
10 x		100
	10 x	200
15 x	40 x	

3 Für das Herstellen von Präparaten werden bestimmte Geräte benötigt. Benenne diese.

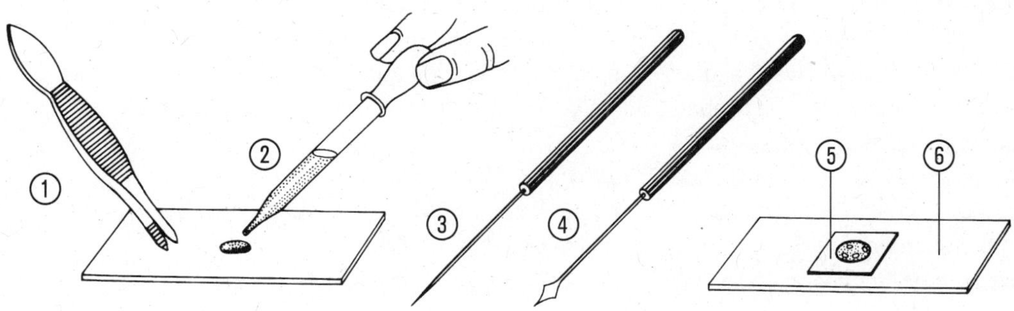

① ______________________ ④ ______________________

② ______________________ ⑤ ______________________

③ ______________________ ⑥ ______________________

Methode | Mikroskopieren

M1 Das Lichtmikroskop

Kann man bei einem Objekt mit dem bloßen Auge nicht mehr genügend Einzelheiten erkennen, verwendet man zum Vergrößern häufig eine Lupe.

Reicht sie nicht mehr aus, kann man mit einem Mikroskop noch stärkere Vergrößerungen erzielen. Im Mikroskop werden mehrere Linsen in einem Metallrohr in einem bestimmten Abstand zueinander angeordnet. Die Linse in der Röhre, die dem Auge zugewandt ist, heißt *Okular.* Die Linse, die über dem zu untersuchenden Objekt ist, heißt *Objektiv.* Beide Linsen haben ein bestimmtes Vergrößerungsvermögen. Multipliziert man diese, erhält man die maximal mögliche Gesamtvergrößerung des Mikroskops.

Das Objekt wird mit Licht durchstrahlt, deshalb nennt man ein solches Mikroskop auch **Lichtmikroskop.** Mit ihm sind bis zu 2000fache Vergrößerungen möglich.

M2 Regeln für den Umgang mit dem Lichtmikroskop

1. Achte darauf, dass das Mikroskop an einem sicheren Platz steht. Wenn keine Lichtquelle eingebaut ist, muss am Platz ausreichend Licht vorhanden sein. Berühre die Linsen niemals mit den Fingern. Säubere die Linsen eventuell mit einem weichen und nicht fusselnden Lappen.
2. Stelle jetzt die kleinste Vergrößerung ein.
3. Schalte nun die Mikroskoplampe ein oder stelle den Spiegel in Richtung Lichtquelle ein und leuchte das Mikroskop hell aus.
4. Lege das Präparat über die Öffnung des Objekttisches und klammere es fest.

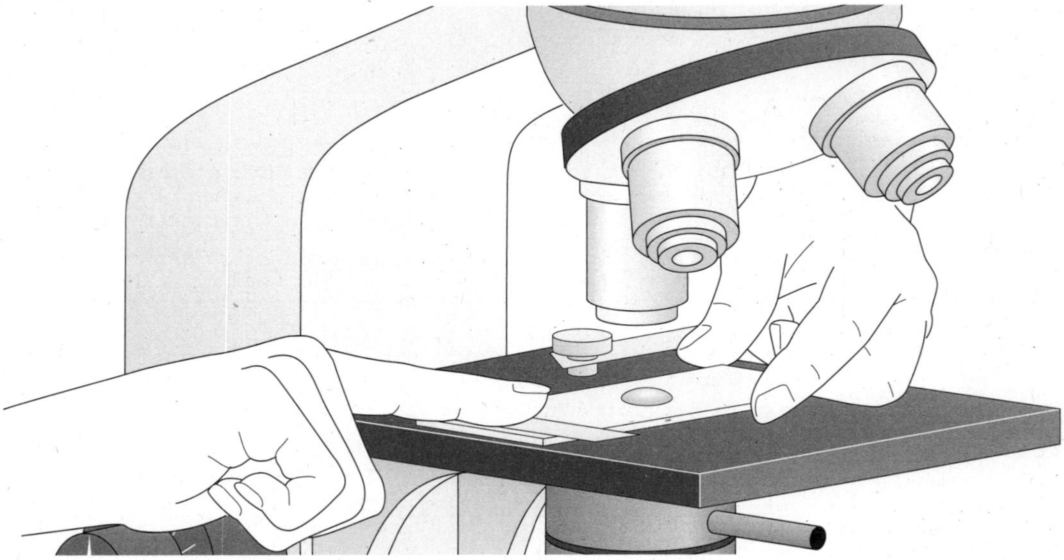

5. Bringe das Okular nahe an das Präparat heran. Schaue dazu von außen, wie groß der Abstand ist. Blicke erst jetzt durch das Okular und stelle das Präparat durch vorsichtiges Drehen des Triebrades scharf ein. Das Objektiv darf den Objektträger dabei nicht berühren.
6. Reguliere gegebenenfalls mit der Blende Helligkeit und Kontrast.
7. Um weiter zu vergrößern, musst du den Abstand zwischen Objektiv und Präparat vergrößern und anschließend eine stärkere Vergrößerung durch Drehen des Objektivrevolvers einstellen.
8. Stelle nach dem Mikroskopieren die kleinste Vergrößerung ein. Entferne das Präparat und schalte die Lampe aus.

1 Finde für Lupe, Stereolupe und Mikroskop je zwei Vor- und Nachteile. Erstelle dazu eine Tabelle.

2 Untersuche das Präparat eines menschlichen Haares unter dem Lichtmikroskop. Beginne bei der kleinsten Vergrößerung. Beschreibe das Bild.

Aufgaben und Versuche — Einfache Präparate anfertigen

V1 Bienen haben interessante Beine und Flügel
Material: Pinzette, Präpariernadel, Objektträger, Deckgläschen, Mikroskop, tote Biene oder nur Flügel und Beine, eventuell auch vorhandene Dauerpräparate
Durchführung: Zupfe mit der Pinzette vorsichtig ein Vorder- und ein Hinterbein der toten Biene ab. Lege beides auf den Objektträger und decke das Präparat mit dem Deckgläschen ab. Wasser ist für dieses Präparat nicht nötig. Betrachte das Präparat bei einer geringen Vergrößerung unter dem Mikroskop.
Stelle dann ein zweites Präparat mit einem Vorder- und Hinterflügel der Biene her. Mikroskopiere dieses ebenfalls bei einer kleinen Vergrößerung.

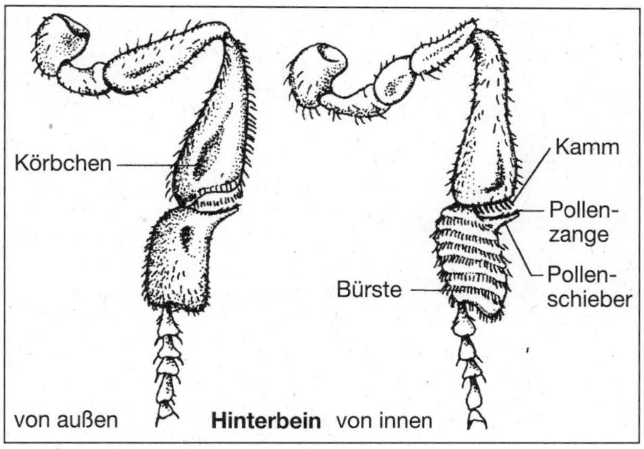

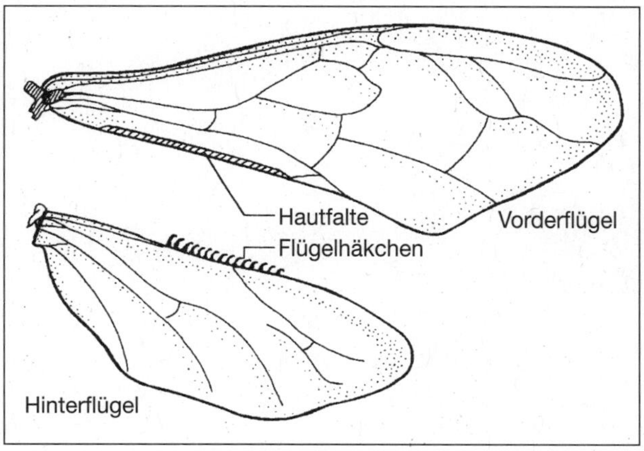

V2 Mikroskopieren von Zwiebelhautzellen
Material: Küchenmesser, Rasierklinge (auf einer Seite mit Pflaster abgeklebt oder halb in einem Korken steckend), Pinzette oder Präpariernadel, Objektträger, Deckgläschen, Becherglas mit Wasser, Pipette, Mikroskop, Küchenzwiebel
Durchführung: Zwiebelzellen sind besonders gut mikroskopisch zu untersuchen, wenn man das Innere des Zwiebelschuppenblattes, das so genannte Zwiebelhäutchen, verwendet.
Schneide dazu zunächst die Zwiebel in der Mitte durch und löse ein Schuppenblatt heraus. Schneide anschließend die Innenseite des Blattes viereckig mit der Rasierklinge ein. Orientiere dich dabei auch an der unteren Abbildung.
Gib jetzt mit der Pipette einen Tropfen Wasser in die Mitte des Objektträgers. Ziehe anschließend mit der Pinzette ein Stückchen Zwiebelhaut ab und bringe es in den Wassertropfen auf dem Objektträger.
Setze jetzt ein Deckgläschen seitlich an den Wassertropfen und lege es langsam und vorsichtig auf. So kannst du verhindern, dass Luftblasen eingeschlossen werden. Betrachte das Präparat anschließend bei geringster und später bei stärkerer Vergrößerung.

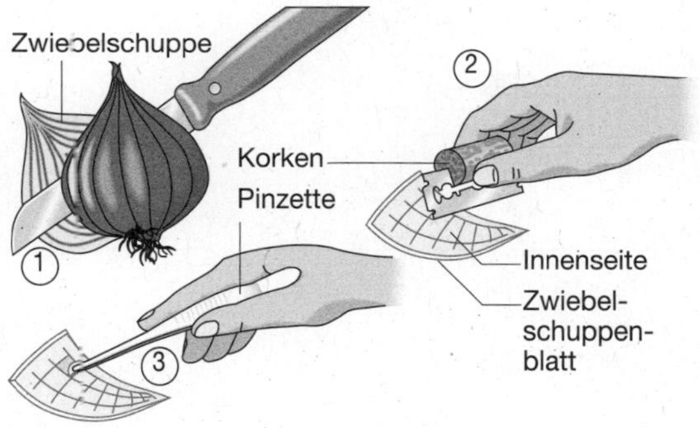

1 Vergleiche Vorder- und Hinterbein der Honigbiene miteinander. Finde Gemeinsamkeiten und Unterschiede. Nutze die Abbildung unter V1 für entsprechende Fachbegriffe.

2 Beschreibe die Flügel der Honigbiene. Welche Funktion haben die Flügelhäkchen?

3 Fertige nach der Anleitung in V2 ein Präparat vom Zwiebelhäutchen an. Beschreibe die Zwiebelzellen.

Arbeitsblatt — Wirbellose Tiere sind vielfältig

1 Die Übersicht zeigt verschiedene Stämme bzw. Unterstämme der wirbellosen Tiere. Ergänze die fehlenden Angaben in der Tabelle. Recherchiere dazu im Lehrbuch, im Fachbuch oder im Internet.

Tierstamm bzw. Tierunterstamm und Artenzahl	Beispiele
Hohltiere ________  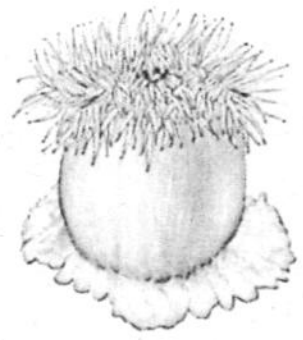	• Quallen • Polypen • Seerosen • Korallen
Weichtiere ________   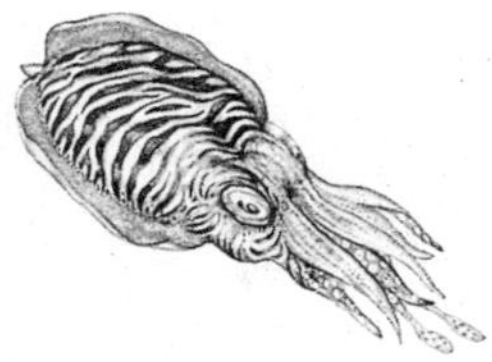	
________ etwa 18 000 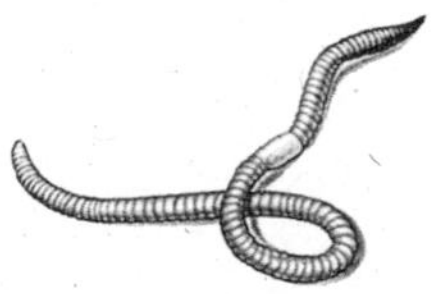	
Gliederfüßer etwa eine Million ________   	
________ ________ etwa 6500  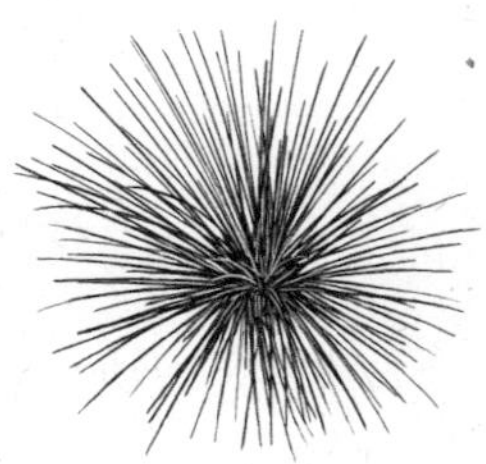	

 Linder Biologie 6

Methode Präsentieren mit dem Computer

M1 Was ist eine Animation?

Präsentieren kann man auch mit dem Computer. Dazu benötigt man einen Computer mit Präsentationsprogramm und ein Projektionsgerät, den *Beamer.* Mit einem Präsentationsprogramm werden Folien so ähnlich erstellt, wie mit einem Textverarbeitungsprogramm. Es gelten auch dieselben Gestaltungskriterien (Schriftgröße, Farben, ...) wie bei der Herstellung von Folien für den Tageslichtprojektor. Der Unterschied ist, dass sich einzelne Elemente einer Folie in der von dir gewünschten Reihenfolge einblenden lassen. Dieser Vorgang wird *Animation* genannt.
Die Text- und Bildelemente der Folie erscheinen passend zu den Inhalten des Vortrags. Zusätzlich lassen sich die Übergänge zwischen den einzelnen Folien gestalten. So kann man z. B. eine Folie über den rechten Bildrand verschwinden lassen, während gleichzeitig die nächste von links eingeschoben wird. Eine weitere Variante, einen Vortrag interessant zu gestalten, bieten Präsentationsprogramme durch die Möglichkeit, Filmausschnitte und Soundeffekte einzubringen.

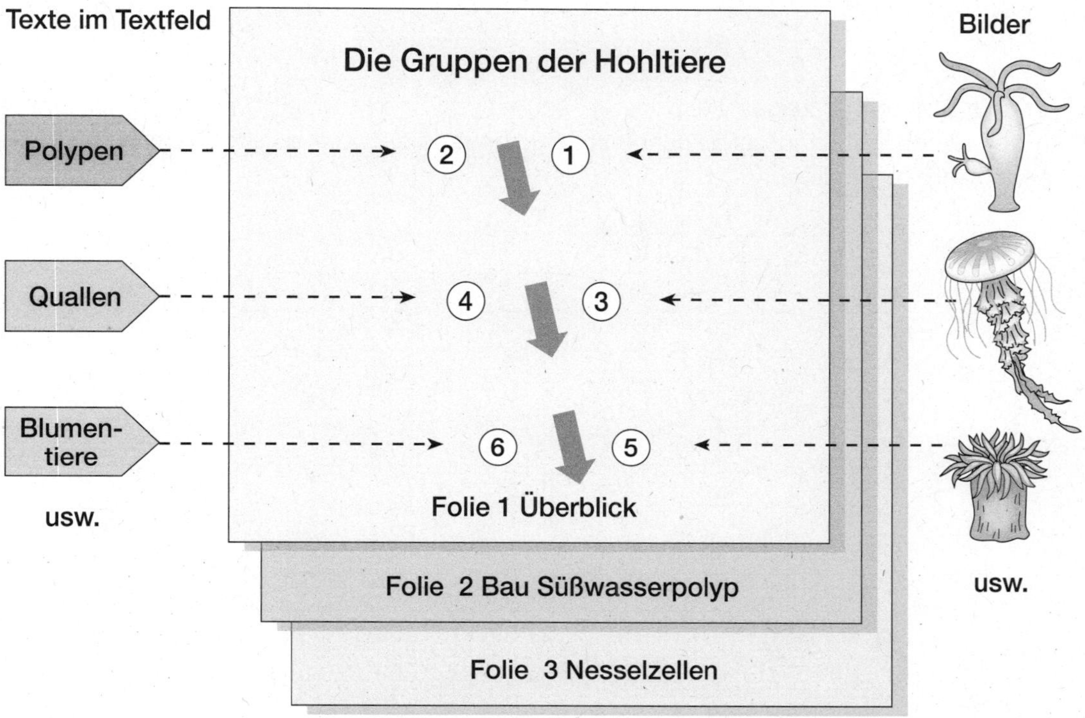

M2 Tipps zum Präsentieren

- Erstelle zuerst eine handschriftliche Gliederung.
- Verwende für alle Folien, die zu einem Vortrag gehören, ein einheitliches Grundlayout. Für die Präsentation im Klassenzimmer eignen sich dunkle Schrift und heller Untergrund.
- Wähle möglichst nur eine Übergangsmethode.
- Verwende Animationen sparsam.
- Schreibe Stichpunkte auf die Folie. Verwende nicht zu viel Text. Einige Punkte sollten immer frei dazu erzählt werden.

1 Erstelle eine Computerpräsentation mit sechs bis zehn Folien zu einer Gruppe der wirbellosen Tiere.

Arbeitsblatt | **Der Regenwurm – ein Ringelwurm**

1 Beschrifte die Zeichnung zum äußeren Bau eines Regenwurms. Verwende dabei folgende Fachbegriffe: Gürtel, Kopflappen, After, Segment

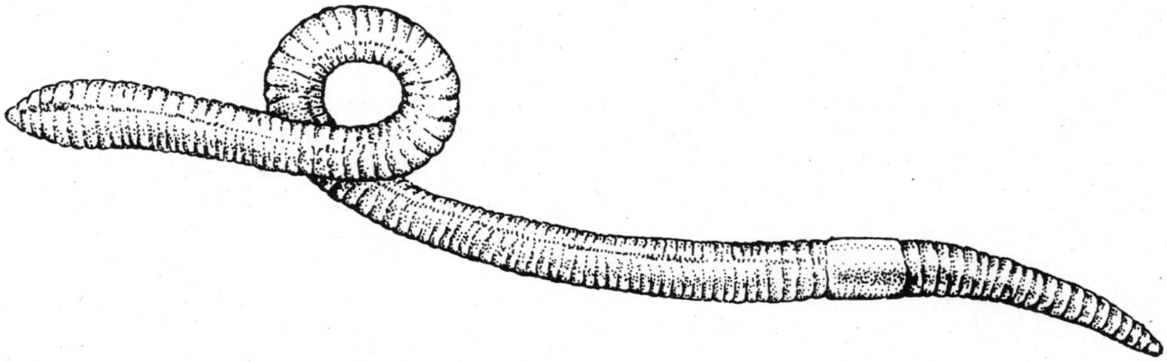

2 Längs- und Querschnitt zeigen den inneren Bau eines Regenwurmes. Ordne die gekennzeichneten Ziffern den Fachbegriffen in der Legende zu. Du kannst die einzelnen Organe (wie in den Klammern angegeben) farbig gestalten.

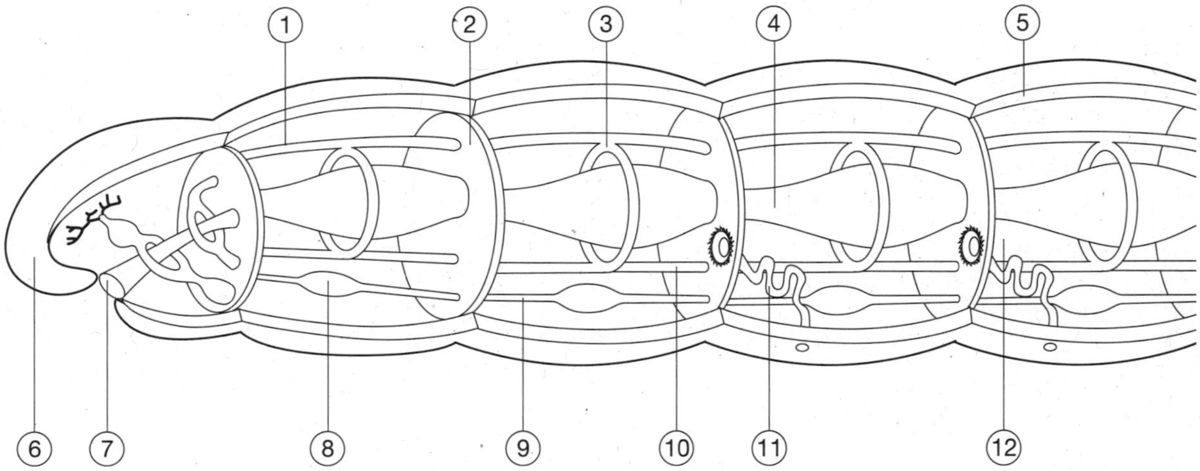

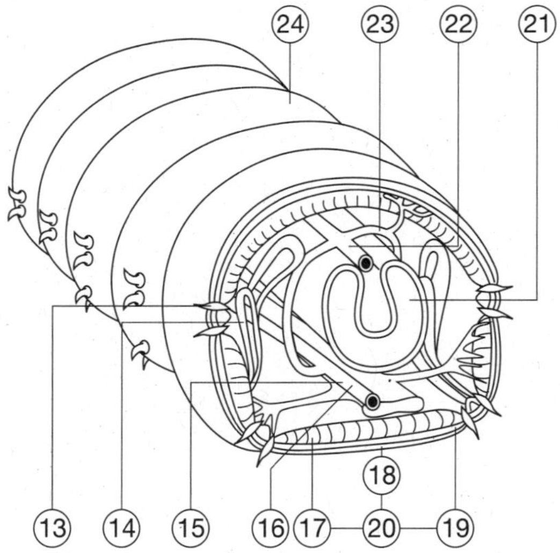

Legende:

_____ Segmentscheidewand
_____ + _____ Ringgefäß (rot)
_____ Mundöffnung
_____ + _____ Rückengefäß (rot)
_____ Nervenknoten (Ganglion) (gelb)
_____ + _____ Bauchgefäß (rot)
_____ + _____ Hautmuskelschlauch
_____ + _____ Ausscheidungsorgan (lila)
_____ + _____ Darm (grün)
_____ Borsten
_____ + _____ Bauchmark (gelb)
_____ Längsmuskulatur (rosa)
_____ Körperhaut (hellbraun)
_____ Ringmuskulatur (rosa)
_____ Körpersegmente
_____ flüssigkeitsgefüllter Hohlraum
_____ Kopflappen

Linder Biologie 6

Aufgaben und Versuche — Regenwürmer

A1 Regenwürmer reagieren auf Lichtunterschiede

Mit einem Regenwurm wurde der folgende Versuch durchgeführt:

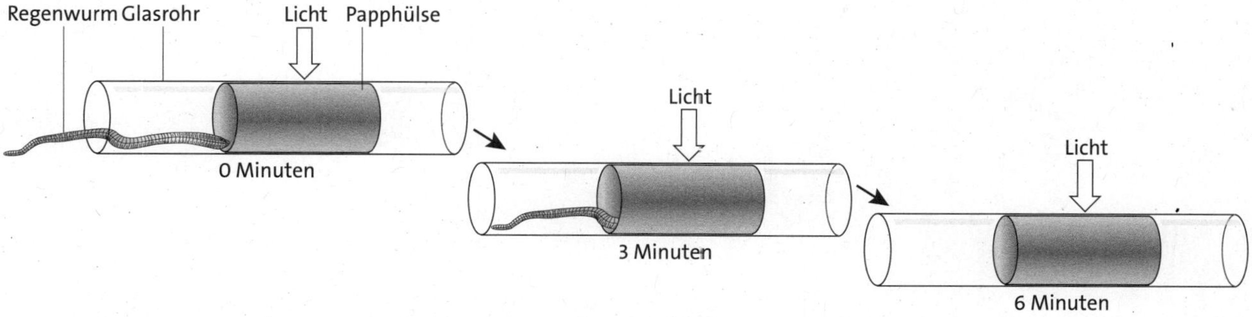

Aufgabe: Erstelle zu dem abgebildeten Versuch ein Versuchsprotokoll. Notiere dazu Material, Durchführung, Beobachtungen und Auswertung.

V2 Regenwürmer verbessern die Bodenqualität

Material: verschiedene Bodenproben (Humusboden, Lehmboden, Sandboden), kleine Kieselsteine oder Kies, zwei Standzylinder (etwa 30 cm hoch und 10 cm im Durchmesser), abgestorbene Blätter, Grasreste, Wasser zum Befeuchten, 10 bis 20 Regenwürmer

Durchführung: Der Boden wird in beiden Standzylindern mit einer 3 bis 5 cm hohen Kiesschicht bedeckt. Danach füllt man eine 5 cm hohe Humusschicht ein. Auf diese kommen weitere Schichten: zuerst der Lehmboden, dann der Sandboden und zum Schluss noch einmal der Humusboden. Alle Bodenschichten müssen gut durchfeuchtet werden, sollten aber nicht zu nass sein. Zum Schluss füllt man abgestorbene Blätter und etwas Grasschnitt auf die oberste Schicht. Der erste Zylinder wird mit 10 bis 20 Regenwürmern besetzt. Der zweite Zylinder bleibt ohne Würmer. Beide Zylinder stellt man an einen abgedunkelten Ort. Jetzt kann man die Tätigkeit der Regenwürmer für ein bis zwei Wochen beobachten.

Aufgabe: Zeichne das Versuchsergebnis im zweiten Zylinder ein.

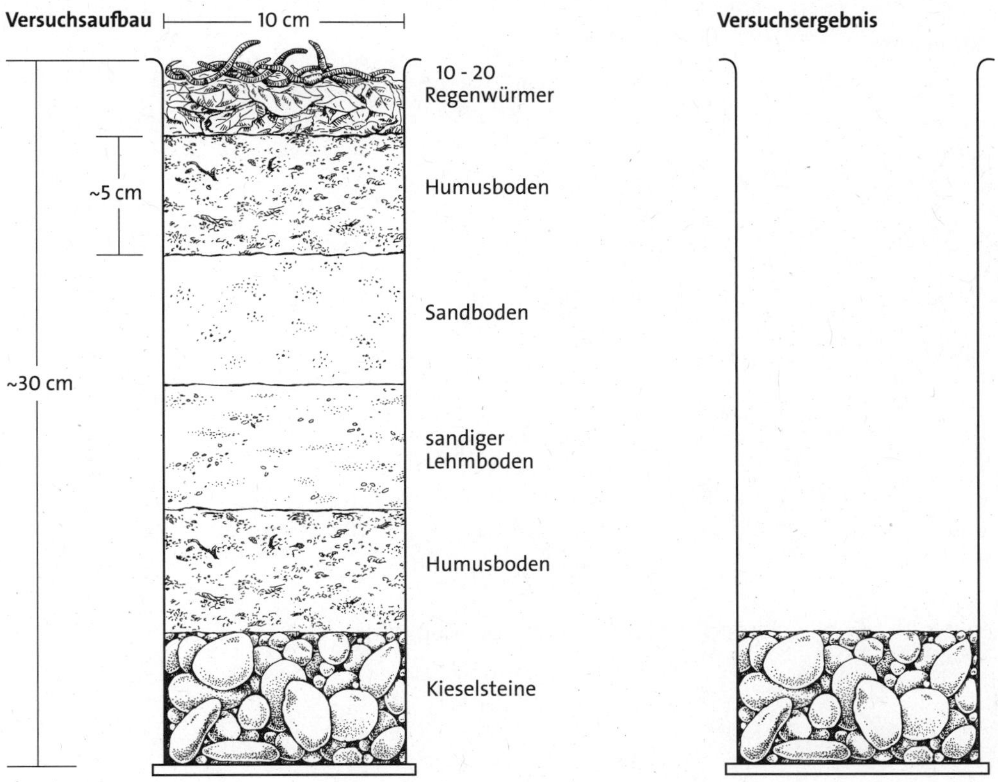

Arbeitsblatt — Insekten sind vielfältig

1 Benenne die abgebildeten Insektenordnungen. Gib zu den einzelnen Ordnungen einige ausgewählte Merkmale an.

A Honigbiene

Ordnung A: ____________________

____

____

____

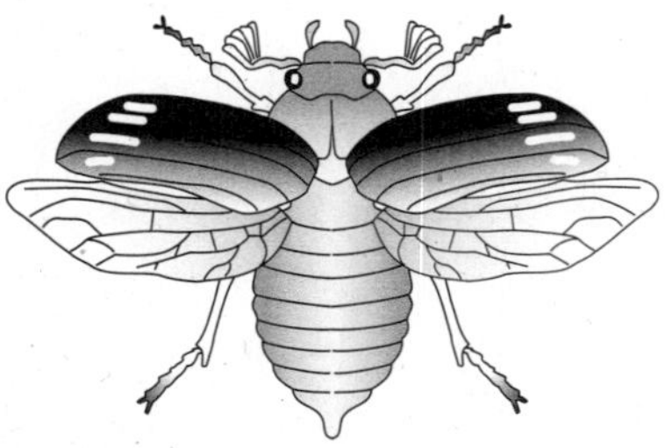

B Maikäfer

Ordnung B: ____________________

____

____

____

C Schwalbenschwanz

Ordnung C: ____________________

____

____

____

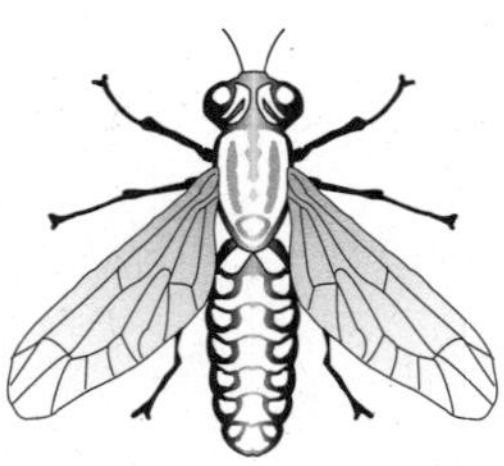

D Stubenfliege

Ordnung D: ____________________

____

____

____

2 Wende das Erschließungsfeld „Vielfalt“ auf die Klasse der Insekten an. Löse diese Aufgabe in deinem Hefter.

3 Erstelle im Hefter eine Mindmap zur Bedeutung von Insekten.

Arbeitsblatt | Der Maikäfer – ein Insekt (1)

M1 Lebenslauf eines Maikäfers

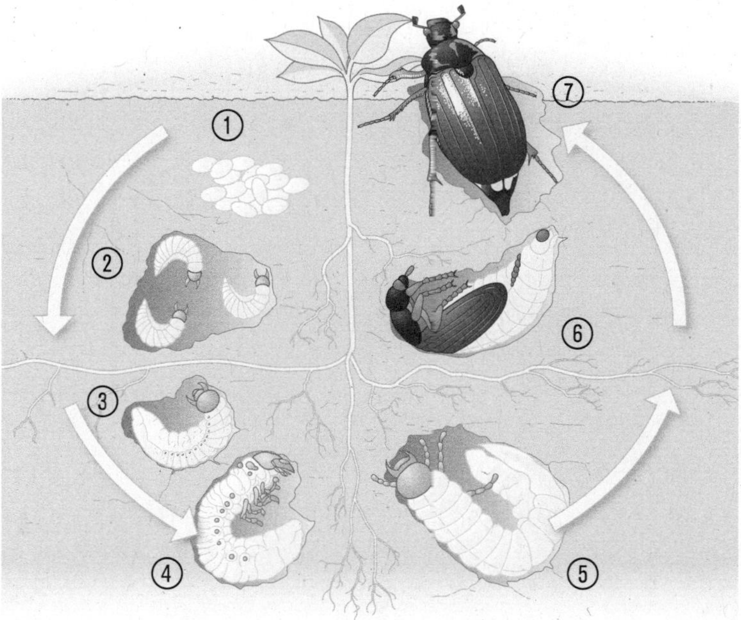

M2 Äußerer Bau eines Maikäfers

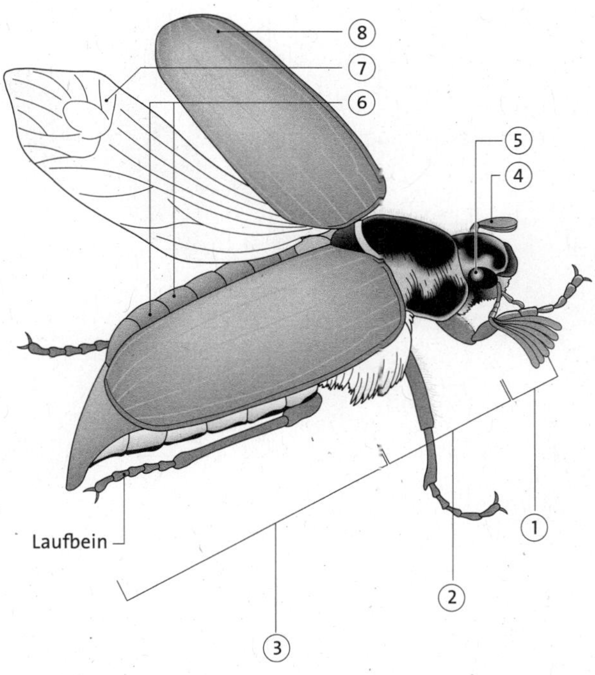

1 Beschreibe den Lebenslauf eines Maikäfers mit Hilfe der Abbildung unter M1. Recherchiere dazu im Lehrbuch oder im Internet.

2 Benenne die in M2 gekennzeichneten Teile eines Maikäfers im Hefter. Begründe, warum der Maikäfer ein Insekt ist.

Arbeitsblatt | **Der Maikäfer – ein Insekt (2)**

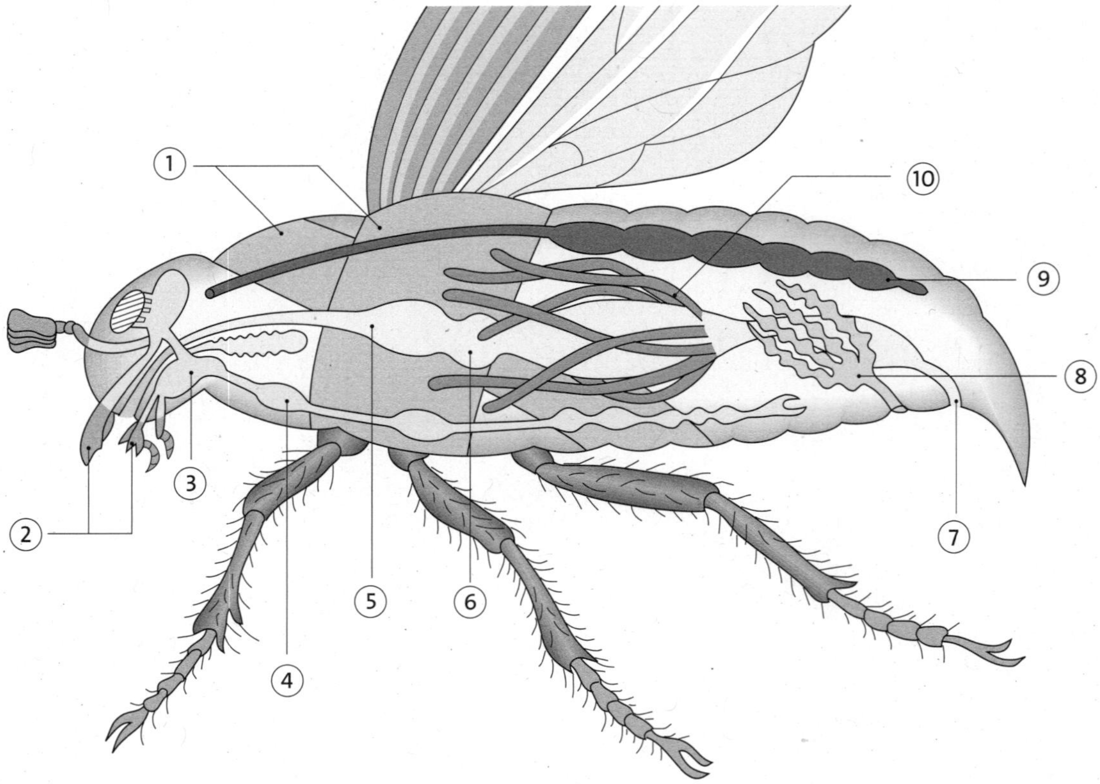

1 Die Abbildung zeigt den inneren Bauplan eines Maikäfers. Benenne die gekennzeichneten Körperteile.

① ______________________________

② ______________________________

③ ______________________________

④ ______________________________

⑤ ______________________________

⑥ ______________________________

⑦ ______________________________

⑧ ______________________________

⑨ ______________________________

⑩ ______________________________

Arbeitsblatt | Manche Insekten sind an den Lebensraum Wasser angepasst

M1 Der Gelbrandkäfer

Der Gelbrandkäfer ist ein relativ großer heimischer Schwimmkäfer. Er wird etwa fünf Zentimeter lang und verdankt seinen Namen dem gelben Streifen am Körperrand.
Dieser Käfer bewohnt ruhige und seichte Gewässer, zum Beispiel Teiche oder flache Uferbereiche von Fließgewässern. Sowohl der Käfer als auch seine Larven leben räuberisch und fressen verschiedene Wassertiere wie kleine Fische, andere Insekten oder Kaulquappen. Zum Atmen muss der Käfer an die Wasseroberfläche kommen. Er nimmt dann mit einer Öffnung am Hinterleib Luft auf, die er in einem Hohlraum unter den Deckflügeln speichert. Von dort gelangt die Luft zum Tracheensystem des Käfers.

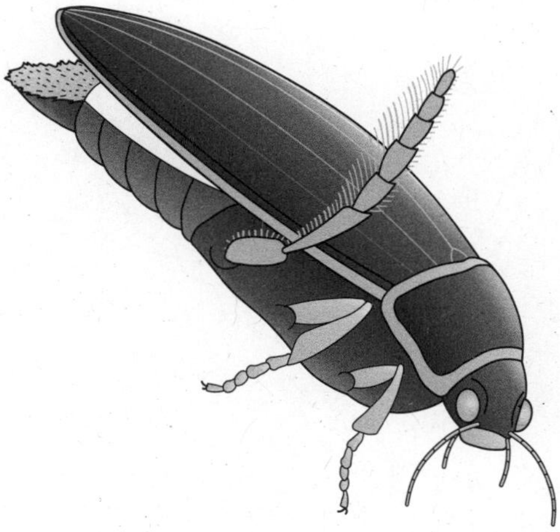

M2 Libellen

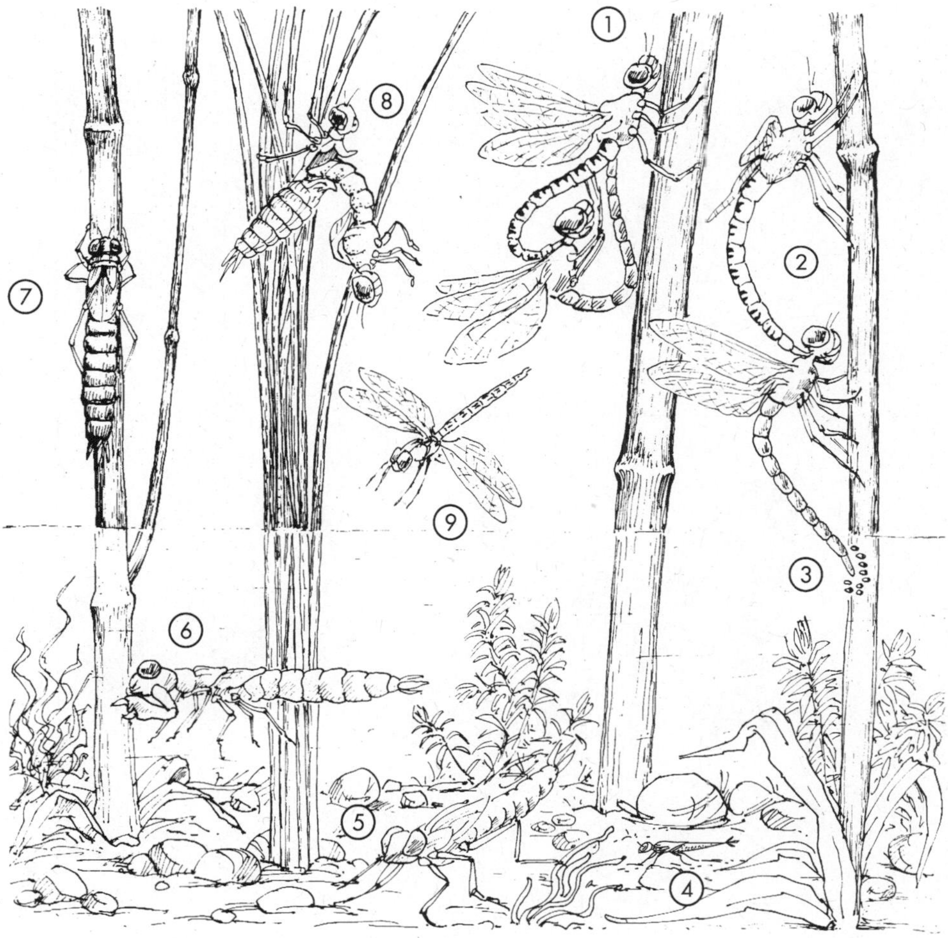

1 Wende das Erschließungsfeld „Angepasstheit" auf den Gelbrandkäfer an.

2 Beschreibe die Entwicklung von Libellen mit Hilfe von M2.

3 Libellen sind an das Leben in der Luft angepasst. Begründe diese Aussage.

Arbeitsblatt | Heimische Schmetterlinge

M1 Bauplan des Kohlweißlings

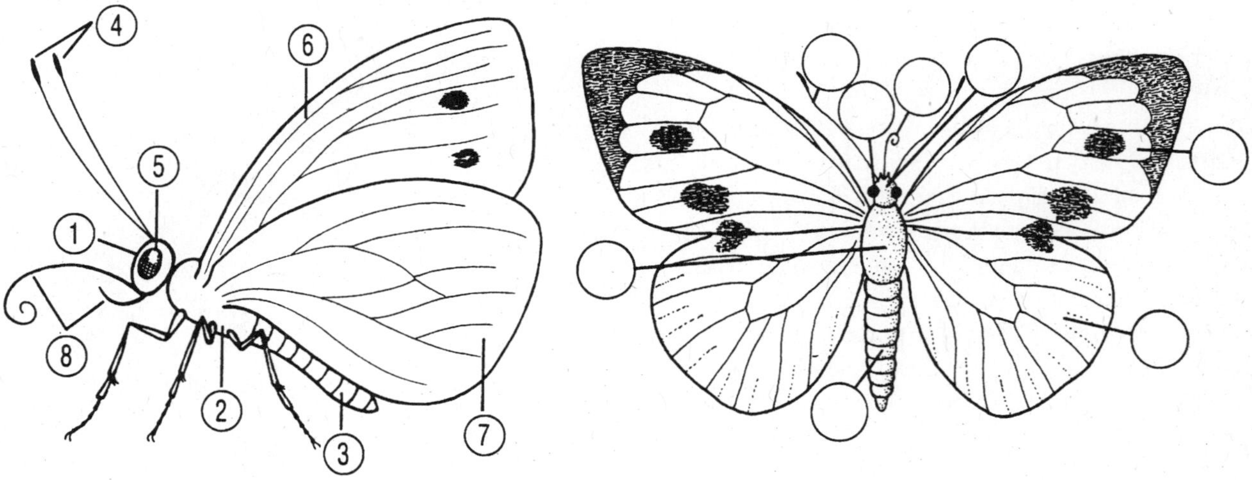

M2 Vielfalt bei Schmetterlingen

① ____________________

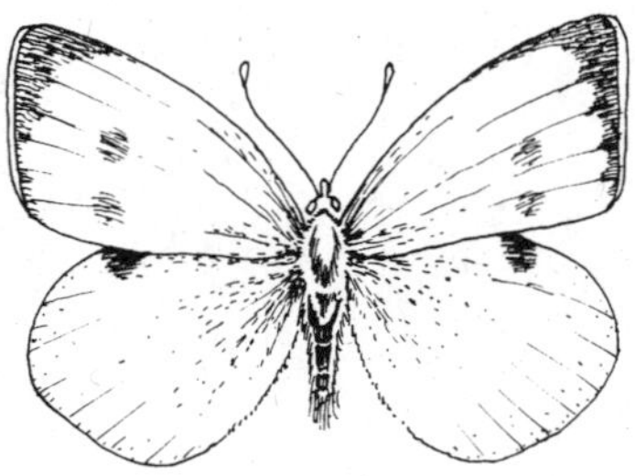

② ____________________

③ ____________________

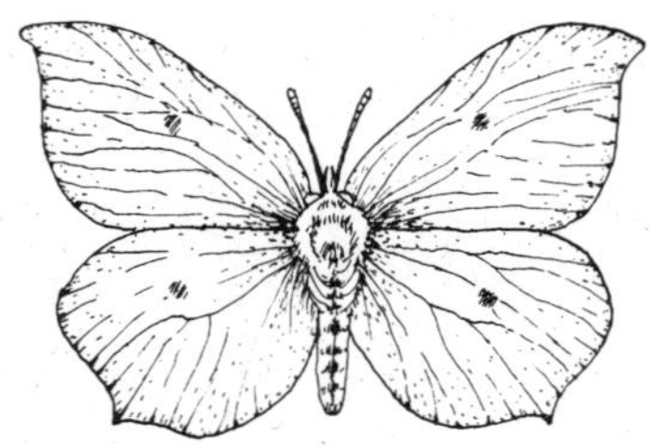

④ ____________________

⑤ ____________________

⑥ ____________________

1 Benenne die in M1 gekennzeichneten Teile eines Kohlweißlings. Ordne dann die Ziffern der zweiten Abbildung unter M1 zu.

2 Unter M2 findest du verschiedene heimische Tagfalter. Benenne die einzelnen Arten, wähle zwei Beispiele aus und erstelle für diese einen Steckbrief. Mögliche Vergleichspunkte könnten dabei Merkmale des Falters, Lebensraum, Flugzeit, Raupenfutter, Raupenzeit und Überwinterung sein.

Arbeitsblatt | Entwicklung bei Insekten (1)

1 In den Abbildungen siehst du die Entwicklungsstadien eines Schmetterlings, einer Ameise und einer Heuschrecke. Schneide die Abbildungen aus. Ordne sie dann an der richtigen Stelle in Arbeitsblatt 2 an, klebe sie auf und ergänze fehlende Fachbegriffe.

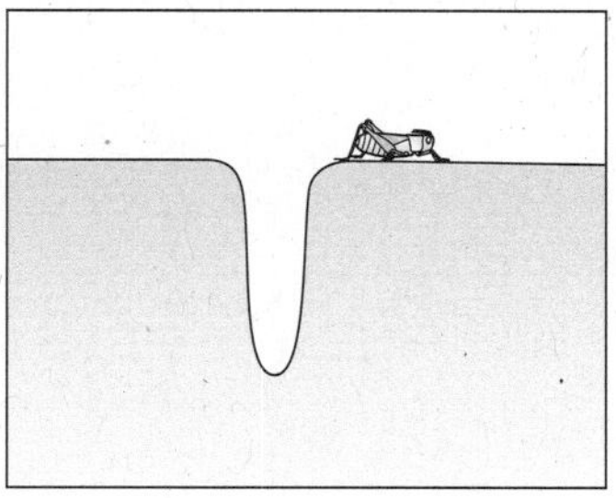
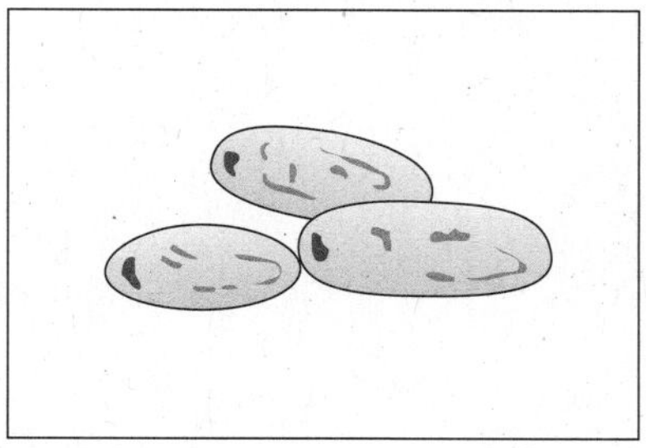

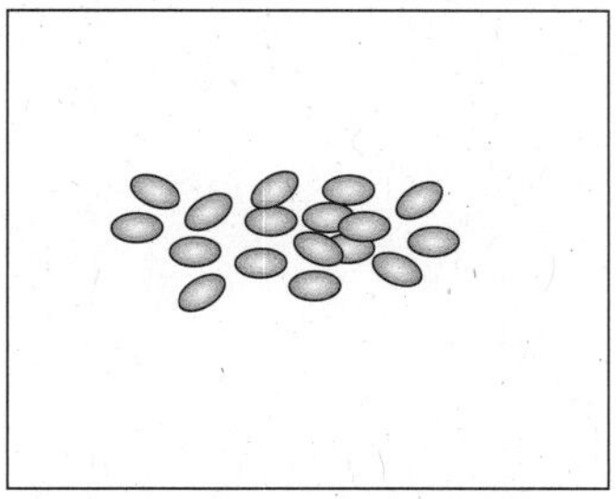
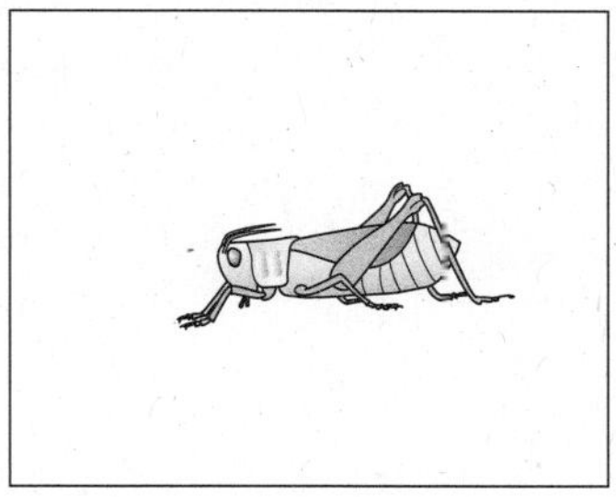
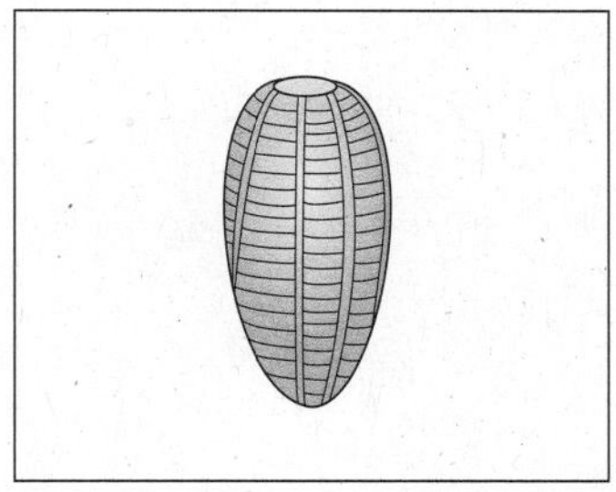
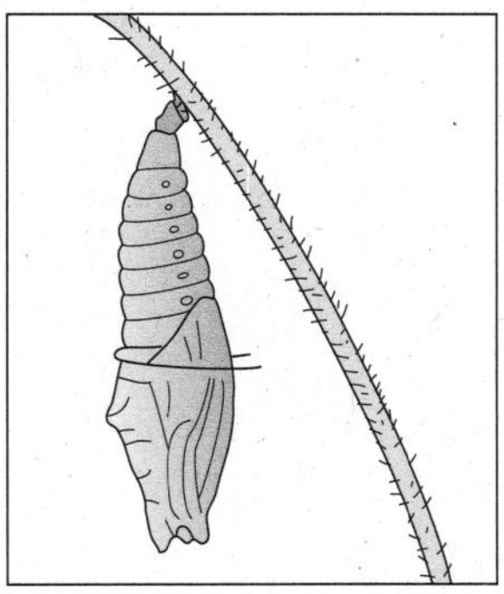
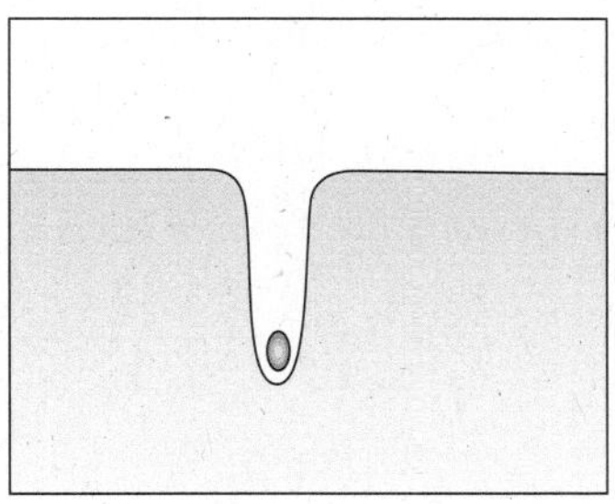
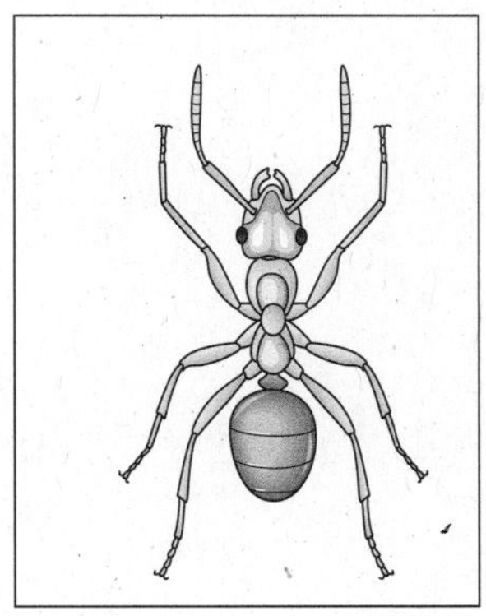
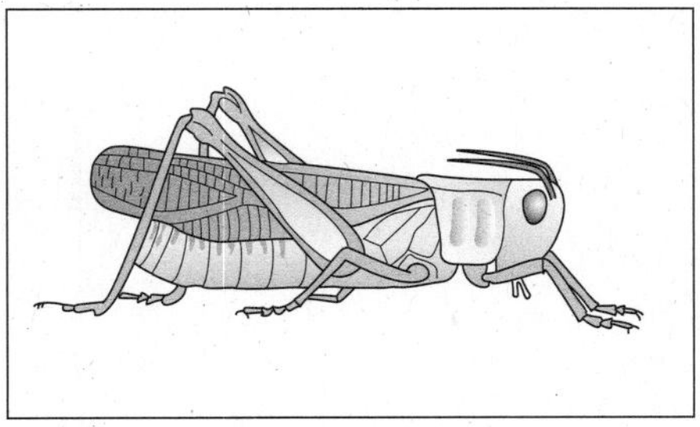

Arbeitsblatt **Entwicklung bei Insekten (2)**

Linder Biologie 6

Schmetterling	Ameise	Heuschrecke
		Ei
	Imago	
Metamorphose	Metamorphose	Metamorphose

Arbeitsblatt | Honigbienen leben in sozialen Verbänden

1 Fülle die Tabelle aus.

Bienenkaste	**Merkmale**	**Aufgaben**
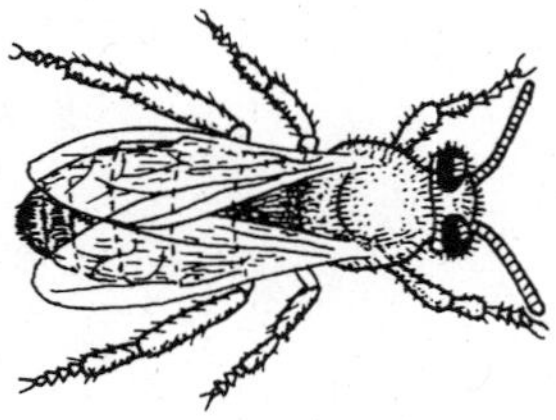 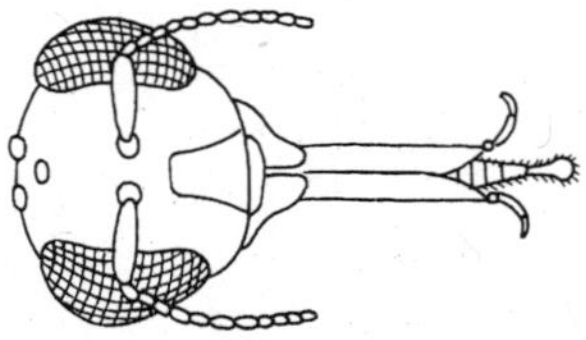 ____________	• • •	nach Alter wechselnd: • • • • • • •
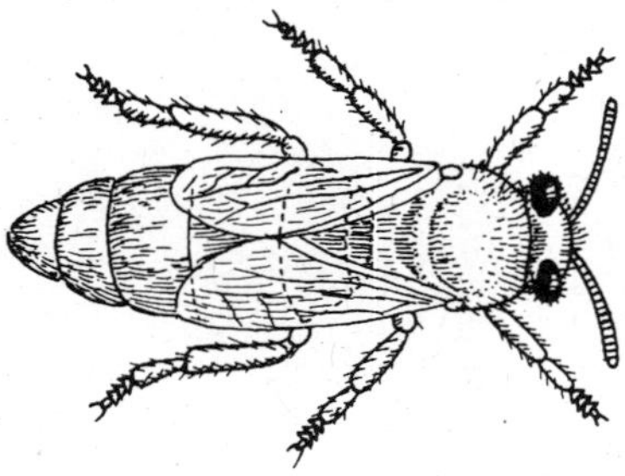 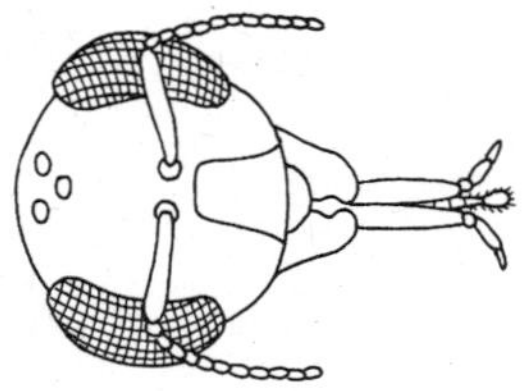 ____________	• • • •	• Zusammenhalt des Volkes •
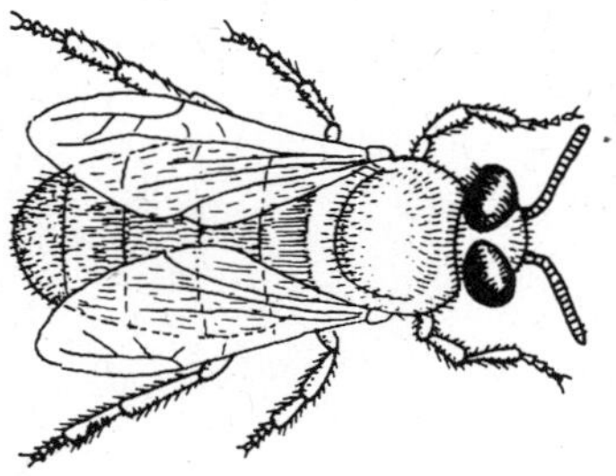 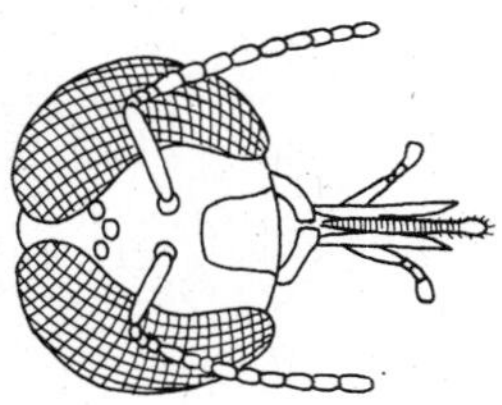 Drohne	• plumper Hinterleib • sehr große Augen • •	• •

Arbeitsblatt | Kommunikation bei Bienen

1 Kennzeichne die Futterquelle, von der die Biene kommt, mit einem roten Kreuz.

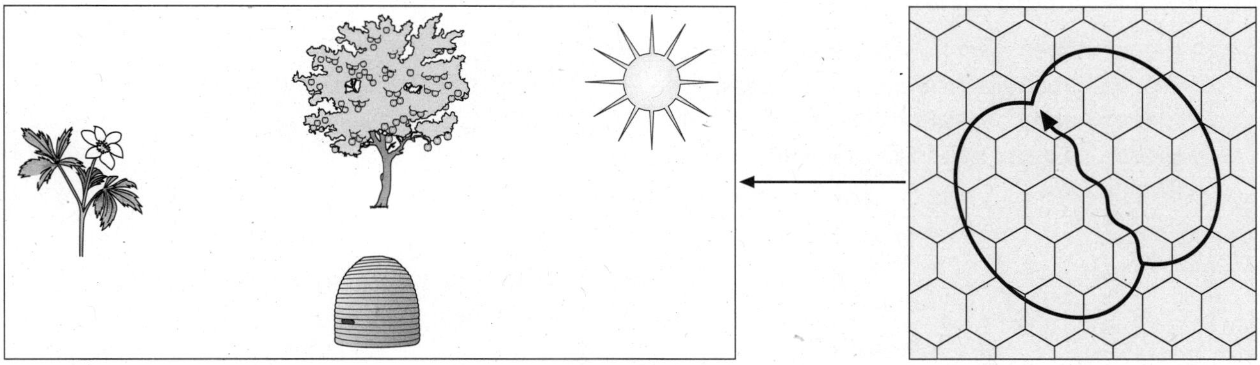

2 Trage mit einem roten Kreuz die Lage der Futterquelle ein.

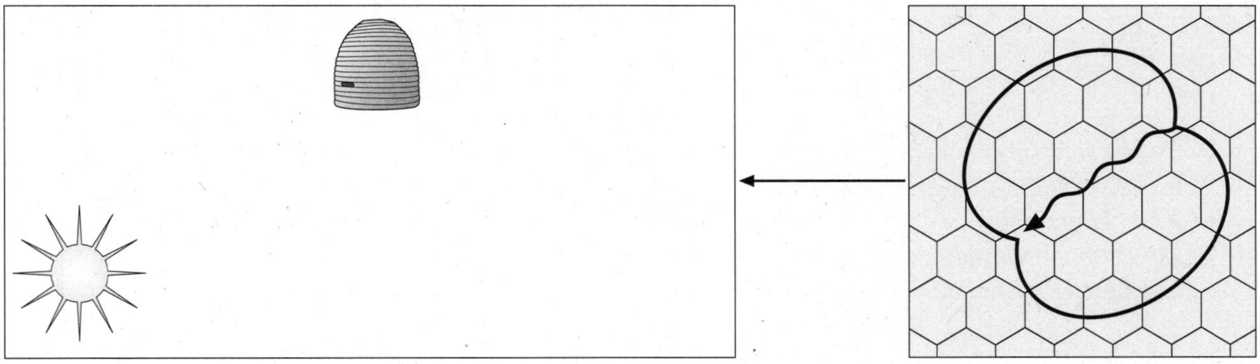

3 Zeichne die Tanzbewegung der Biene in die Waben ein.

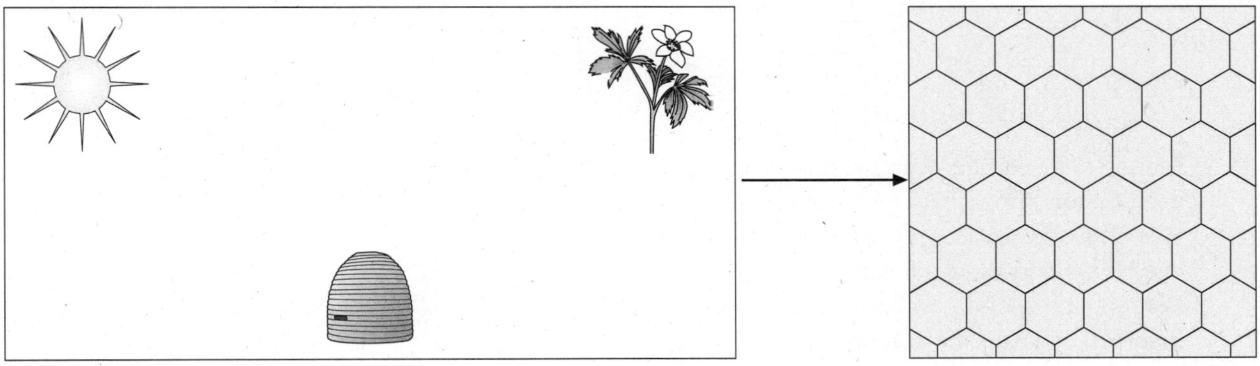

4 Zeichne die Tanzbewegung der Biene in die Waben ein.

Linder Biologie 6

Arbeitsblatt — Rund um die Honigbiene

1 Teste dein Wissen über die Honigbiene, indem du die richtigen Antworten ankreuzt. Trage dann das Lösungswort ein.

- ○ Bienen haben zwei Paar häutige Flügel. **E**
- ○ Bienen haben nur beißende Mundwerkzeuge. **P**
- ○ Bienen haben ein Außenskelett aus Chinin. **T**
- ○ Bienen besitzen neben Komplexaugen auch Punktaugen. **L**

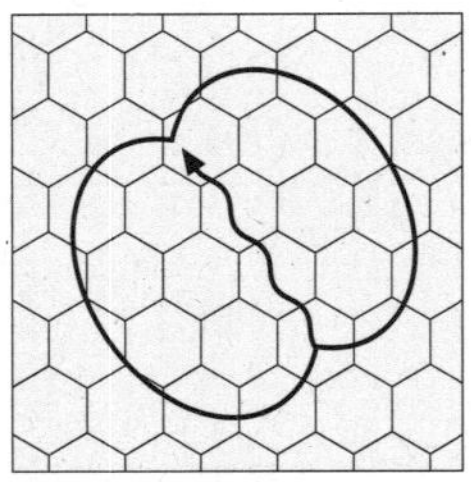

- ○ Bienen kommunizieren miteinander über Bienentänze. **K**
- ○ Bienen kommunizieren über Duftstoffe und Futterproben. **R**
- ○ Bienen führen leichte Klopfbewegungen des hinteren Beinpaares aus, um zu kommunizieren. **N**

- ○ Im Bienenstaat leben bis zu einer Million Tiere. **A**
- ○ Es herrscht Arbeitsteilung im Bienenstaat. **L**
- ○ Im Bienenstaat pflanzen sich nur die Arbeiterinnen fort. **I**
- ○ Die Drohnen werden nach der Begattung aus dem Bienenstaat vertrieben. **P**

- ○ Arbeiterinnen leben etwa 6 Tage. **I**
- ○ Arbeiterinnen führen verschiedene Tätigkeiten wie Waben reinigen, Tor bewachen oder Nektar sammeln durch. **A**
- ○ Arbeiterinnen führen ihr ganzes Leben lang eine Tätigkeit aus. **L**

- ○ Bienen sind wichtig, weil sie viele Pflanzen wie Obstbäume und Sträucher bestäuben. **O**
- ○ Bienen sind wichtig, weil sie Naturprodukte wie Honig und Wachs liefern. **E**
- ○ Bienen sind wichtig, weil sie schädliche Insekten wie Kartoffelkäfer töten. **A**

- ○ Bienen führen eine unvollständige Metamorphose durch. **P**
- ○ Bienen haben ein Larven- und ein Puppenstadium. **T**
- ○ Bienen haben Ammenbienen, die den Nachwuchs füttern. **N**
- ○ Bei den Bienen gibt es unterschiedliches Futter für die Arbeiterinnen- und die Königinnenlarven. **N**

Bienen sammeln _ _ _ _ _ _ und _ _ _ _ _ _.

Linder Biologie 6

Streifzug | Die Rote Waldameise

Im Ameisenstaat, der zwischen 100 000 und 2 000 000 Mitglieder umfasst, gibt es drei verschiedene Gruppen von Individuen: Die Männchen, die Königinnen und die kleineren Arbeiterinnen. Die ungeflügelten Arbeitstiere sind Weibchen mit verkümmerten Eierstöcken. Sie üben viele verschiedene Tätigkeiten aus, ohne die eine Ameisenkolonie nicht überleben könnte. Dabei hat jede Arbeiterin eine bestimmte Aufgabe, die sie ihr Leben lang ausübt. Bauarbeiterinnen errichten und reparieren zum Beispiel das Nest. Andere Arbeiterinnen ziehen als Pflegerinnen die Brut auf und tragen sie an Plätze mit günstigen Feuchtigkeits- und Temperaturverhältnissen. Soldatinnen verteidigen das Volk.
Wichtig ist natürlich auch das Beschaffen von Nahrung. Dabei erkunden Sammlerinnen die Umgebung, informieren sich gegenseitig über Nahrungsquellen und schleppen Beute heran. Meist sind es Raupen oder Käfer, die getötet und trotz ihres für die Ameisen enormen Gewichtes ins Nest abtransportiert werden. In einem im Hinterleib gelegenen sackartigen Vormagen, dem Kropf, kann die Sammlerin aber auch Honigtau speichern und diesen den madenartigen, bein- und augenlosen Larven als Futtersaft hervorwürgen. Der Honigtau stammt von den Blattläusen, die von den Arbeiterinnen regelrecht „gemolken" werden. Heimkehrende Futterbringer speisen auch erwachsene bettelnde Nestgefährten und die Königin aus dem Kropf. Man bezeichnet den Ameisenmagen deshalb als „sozialen Magen".
Mit Hilfe chemischer Stoffe, sogenannter Pheromone, die mit der Nahrung weitergegeben und den Fühlern wahrgenommen werden, verständigen sich die Mitglieder des Staates. Die Mundwerkzeuge, speziell die Oberkiefer mit ihren gezähnten Kaurändern, sind Universalwerkzeuge: Greifer und Schaufel zum Bauen und als Waffe zur Verteidigung. Die Arbeiterin beißt ihre Feinde und spritzt giftige Ameisensäure in die Wunde aus einer im Hinterleib gelegenen Giftblase. Dabei richtet sie diesen steil gegen den Angreifer.
Die größeren Königinnen mit fast verkümmerten Mundwerkzeugen sind wie die Männchen fruchtbar und sorgen für die Vermehrung. Beide besitzen nach dem Schlüpfen vier häutige Flügel. So ist im Mai der Ameisenhaufen plötzlich mit Flügelwesen bedeckt: Königinnen und Männchen starten zum Hochzeitsflug. Nach der Begattung brechen die Königinnen ihre Flügel ab. Sie leben von nun an ganz im Nest. Die Männchen sterben. Arbeiterinnen werden bis zu sechs, Königinnen bis zu 20 Jahre alt.

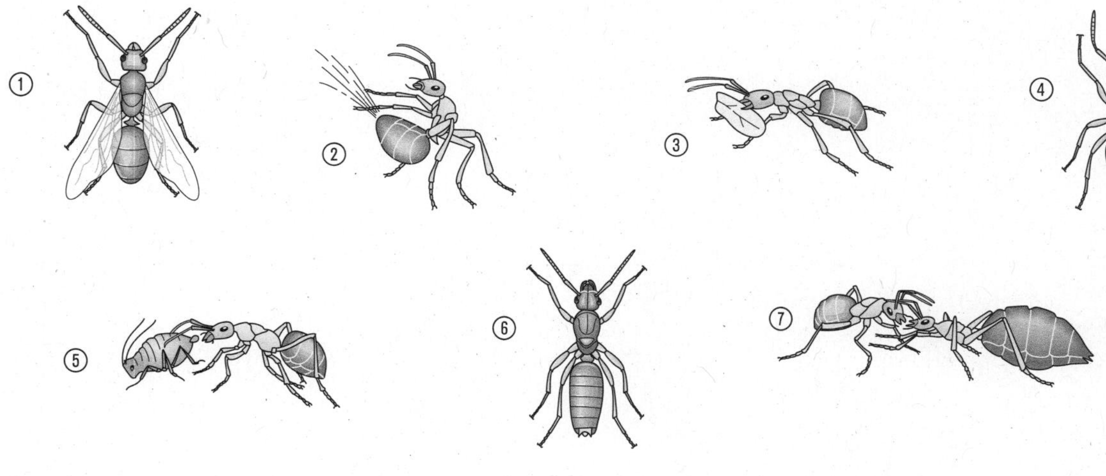

Lies den Streifzug zur Waldameise und unterstreiche wesentliche Fakten. Beantworte dann folgende Aufgaben.

1 Finde heraus, welche Mitglieder des Ameisenstaates in den Abbildungen dargestellt sind und welche Tätigkeiten sie gerade ausführen.

2 Vergleiche Ameisen- und Bienenstaat miteinander. Wähle als Vergleichspunkte Staatengröße, Mitglieder, Art der Behausung, Fortpflanzung, Arbeitsteilung bei Arbeiterinnen, Verständigung, Insektenordnung.

Arbeitsblatt | Parasiten im Vergleich

1 Ergänze die Tabelle.

Vergleichspunkte	**Kopflaus** 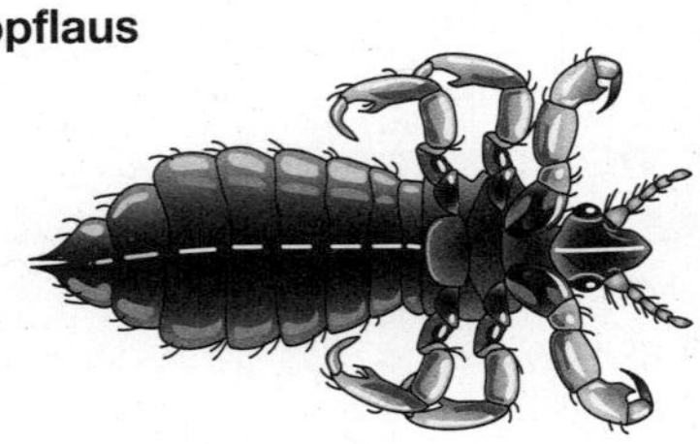	**Bandwurm** 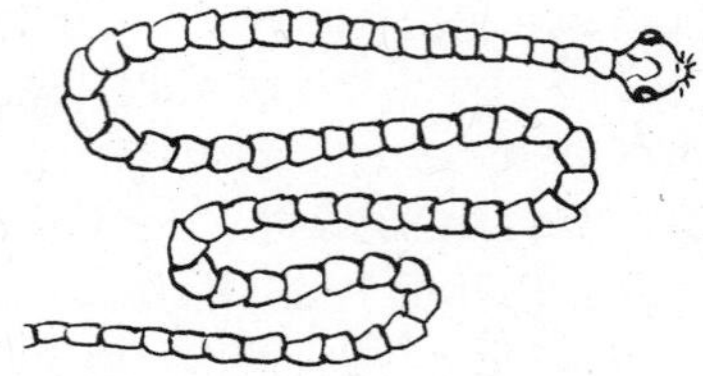
Gemeinsamkeiten	• sind wirbellose Tiere • •	
Unterschiede		
Parasitenform	• Ektoparasit	
Lebensraum		
Angepasstheiten der Tiere		• Kopf mit Saugnäpfen und Haken-kranz
Symptome bei Befall		
Bekämpfungs-maßnahmen		

Linder Biologie 6

Arbeitsblatt | Zecken sind Ektoparasiten

1 Ordne den gekennzeichneten Teilabbildungen folgende Begriffe zu: erwachsene Zecken, Zeckenlarven, Ei, Zecke nach erster Häutung (Zeckennymphe).

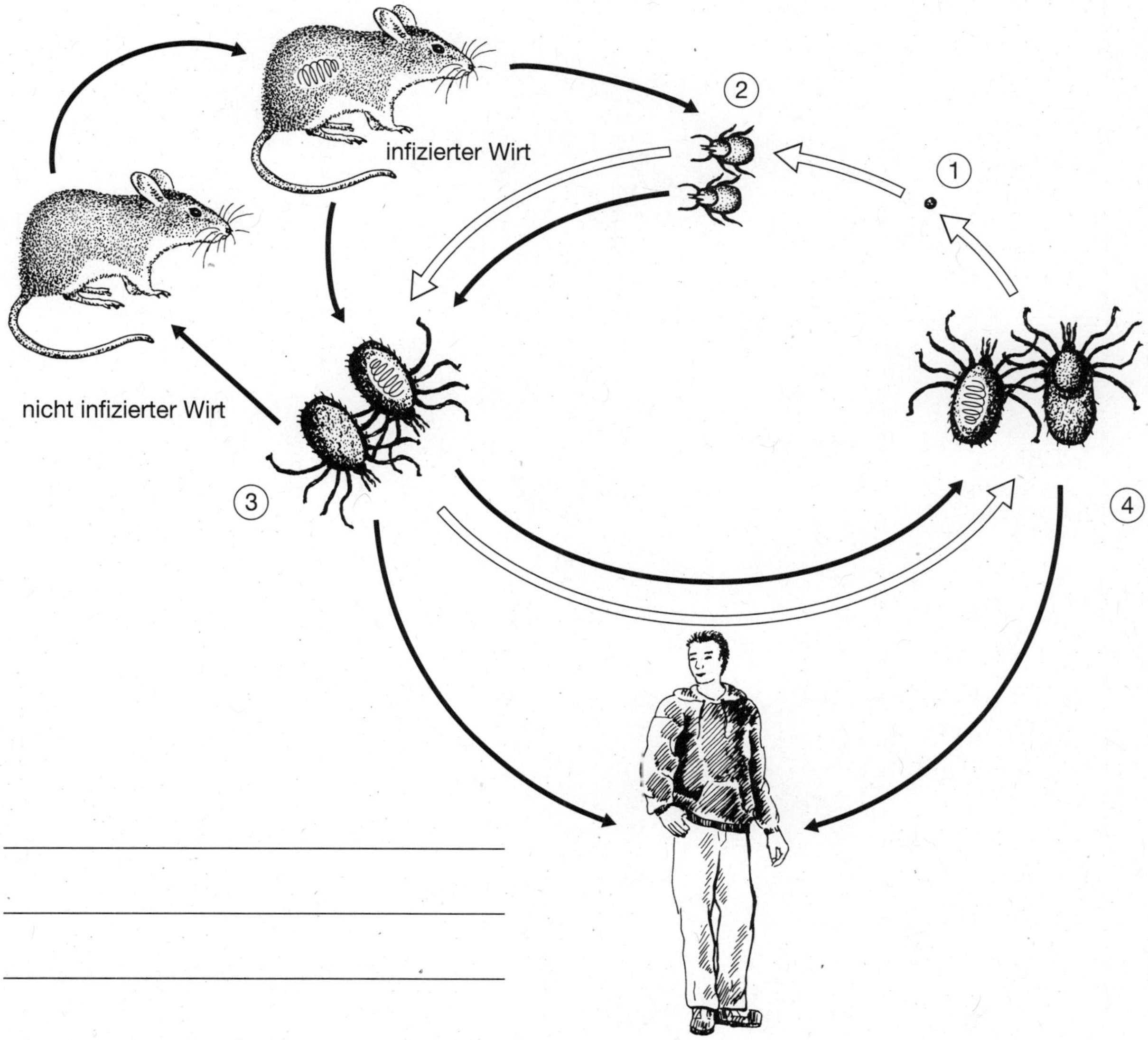

① ______________________

② ______________________

③ ______________________

④ ______________________

2 Nenne zwei Krankheiten, die durch Zecken übertragen werden.

____

3 Nenne drei Angepasstheiten der Zecke an ihr Leben als Parasit.

____

____

4 Nenne drei Maßnahmen, wie du dich vor einem Waldspaziergang vor Zecken schützen kannst.

____

____

Arbeitsblatt — Systematisierung – Vergleich Wirbeltier – wirbelloses Tier (1)

1 Vergleiche Wirbeltiere und Insekten als Beispiel für wirbellose Tiere.

Vergleichspunkt	Wirbeltiere am Beispiel Säugetiere und Vögel (Abbildung und Merkmale)	
Skelett	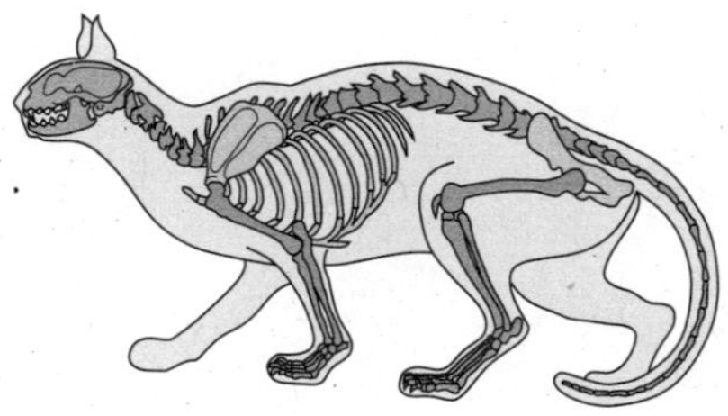	
Körper-bedeckung		
Atmungsorgane	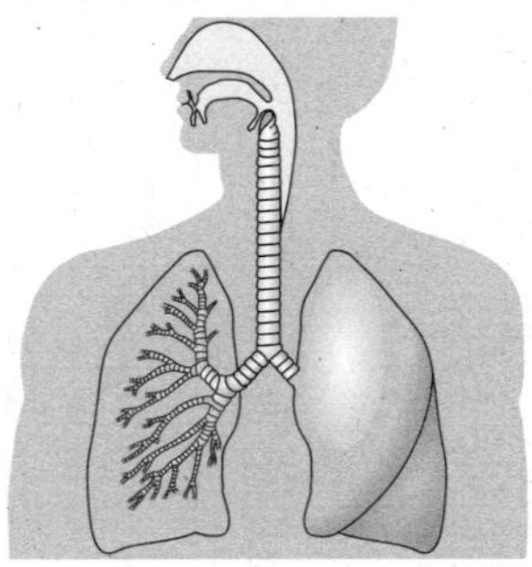	
Blutgefäß-system		• geschlossenes Blutgefäßsystem • Herz und Blutgefäße wie Venen, Arterien und Kapillaren
Fortpflanzung		

Arbeitsblatt | Systematisierung – Vergleich Wirbeltier – wirbelloses Tier (2)

Vergleichspunkt	Wirbeltiere am Beispiel Insekten (Abbildung und Merkmale)	
Skelett		
Körper-bedeckung		
Atmungsorgane	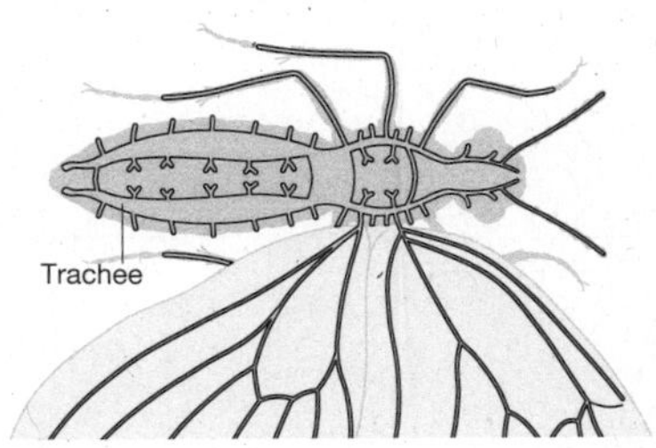	
Blutgefäß-system	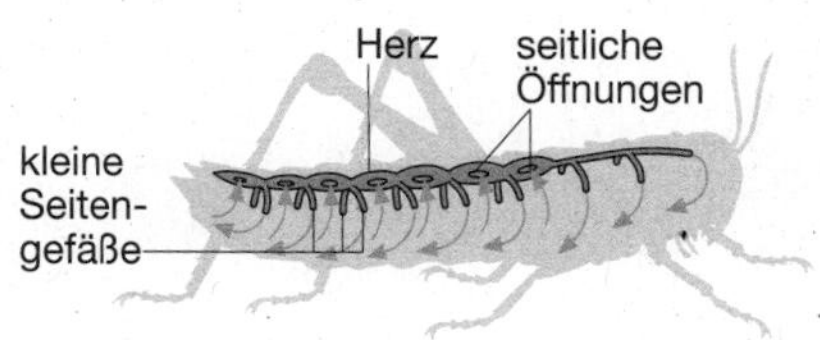	
Fortpflanzung	Radbildung 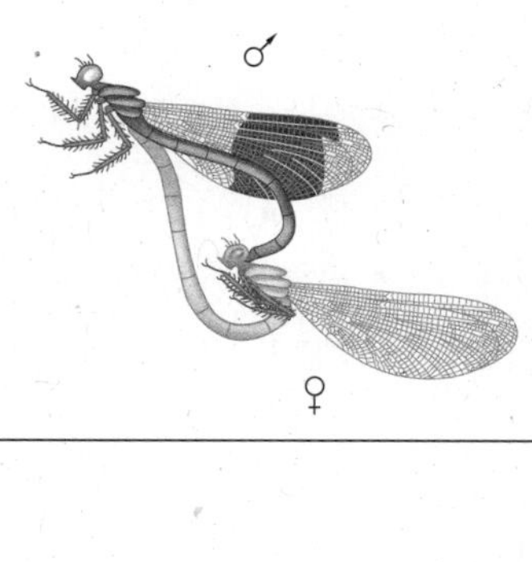	• Insekten pflanzen sich meist geschlechtlich fort • haben eine innere Befruchtung • legen oft Eier • zeigen eine unvollständige oder vollständige Metamorphose

Linder Biologie 6

Arbeitsblatt Wirbeltiere oder Wirbellose?

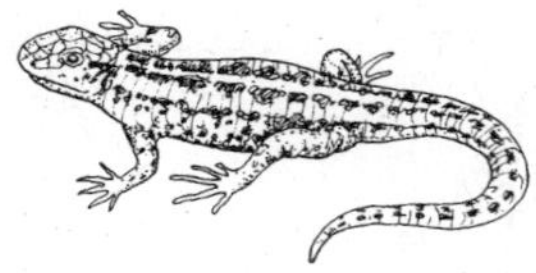

① ____________ ② ____________ ③ ____________ ④ ____________

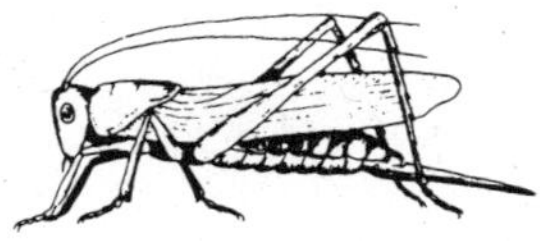
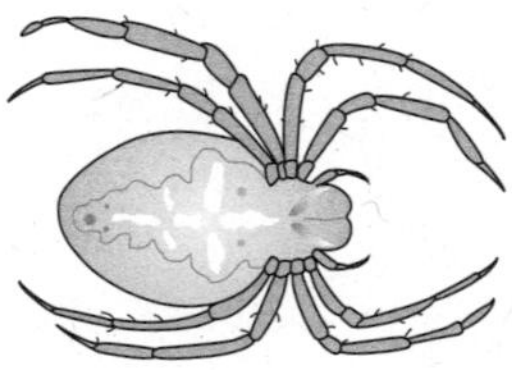
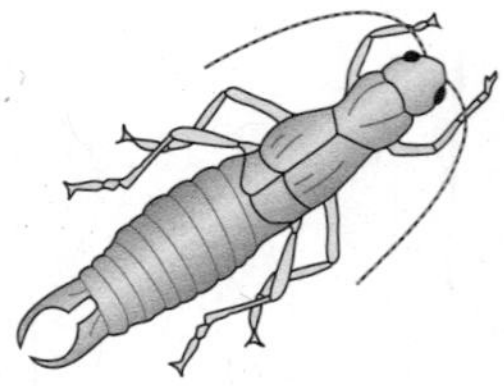

⑤ ____________ ⑥ ____________ ⑦ ____________ ⑧ ____________

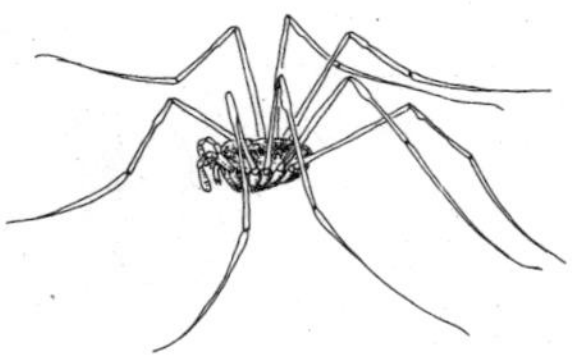
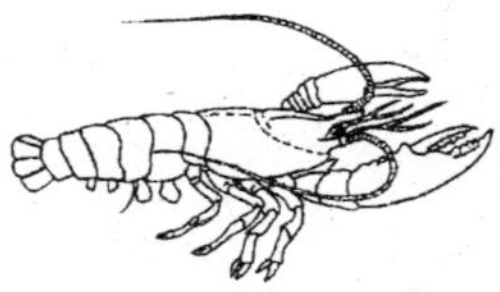
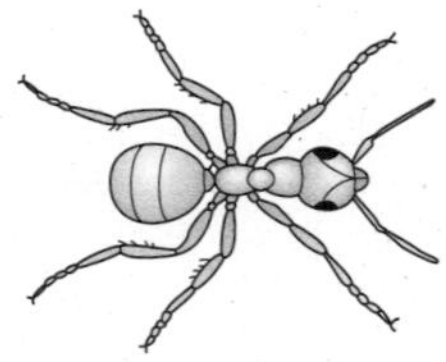
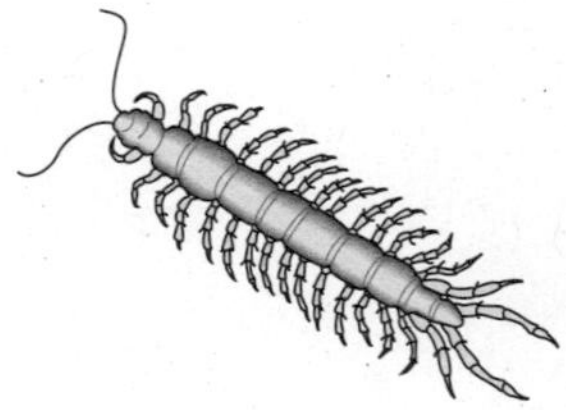

⑨ ____________ ⑩ ____________ ⑪ ____________ ⑫ ____________

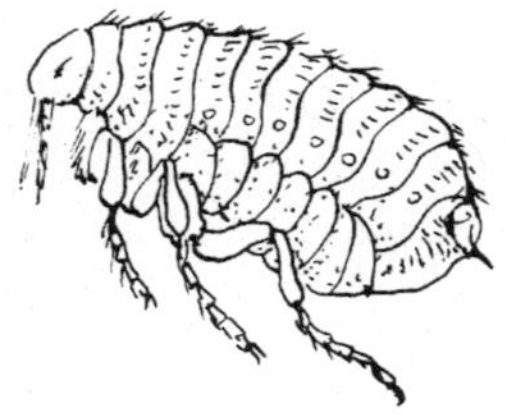

⑬ ____________ ⑭ ____________ ⑮ ____________ ⑯ ____________

1 Benenne die abgebildeten Tiere.

2 Welche der Tiere sind Wirbeltiere, welche wirbellose Tiere? Nenne die entsprechende Nummer.

____

____

3 Nenne die wichtigsten Unterscheidungsmerkmale der folgenden Gliederfüßergruppen.
Ordne die passenden Beispiele aus Aufgabe 1 zu. Löse diese Aufgabe im Hefter.

Insekten	**Spinnentiere**	**Krebstiere**